Abläufe verbessern

D1670453

Abläufe verbessern – Betriebserfolge garantieren

Verfasser:
Frank Lennings

Mit Beiträgen von:
Holger Bart, Meinolf Filmar und Michael Kirchhoff,
Harald Nübel und Ottmar Wette

Redaktion:
Joachim Schauer

Gestaltung der Texte und Grafiken:
Petra Blinn, Karin Pierson
Claudia Faber, Köln

Herausgegeben vom
Institut für angewandte Arbeitswissenschaft e.V.
Köln 2008

Die Deutsche Bibliothek – CIP-Einheitsaufnahme

Abläufe verbessern – Betriebserfolge garantieren
herausgegeben vom Institut für angewandte Arbeitswissenschaft e.V.
Verfasser: Frank Lennings; Redaktion: Joachim Schauer
Gestaltung der Texte und Grafiken: Petra Blinn, Karin Pierson und Claudia Faber, Köln
Köln: Wirtschaftsverlag Bachem, 2008

(Taschenbuchreihe des Instituts für angewandte Arbeitswissenschaft)
ISBN 978-3-89172-458-3

Dieses Buch ist auf chlorfrei gebleichtem Papier gedruckt.

© 2008 Wirtschaftsverlag Bachem, Köln
Einband: Claudia Faber, Köln
Gesamtherstellung: Druckerei J.P. Bachem GmbH & Co. KG Köln
Printed in Germany
ISBN 978-3-89172-458-3

Inhalt und Gestaltung dieses Leitfadens sind im Verlauf zahlloser Gespräche, Diskussionen, Erfahrungsaustausche und Erprobungen gereift. Viele Vertreter von Unternehmen und Arbeitgeberverbänden der Metall- und Elektroindustrie sowie Mitarbeiter des IfaA haben hierzu kompetent, offen, engagiert, konstruktiv, hilfsbereit und geduldig beigetragen. Ihnen allen danke ich herzlich.

Frank Lennings

Inhalt

1 Einleitung   8

2 Abläufe verbessern   12
2.1 Abläufe und Prozesse   12
2.2 Beseeitigung von Abweichungen   13
2.3 Methoden zur Verbesserung von Abläufen   14

3 Aufbau und Anwendung des Leitfadens   22
3.1 Struktur und Module des Leitfadens   22
3.2 Prinzipieller Aufbau der Module   24
3.3 Arbeiten mit dem Leitfaden   26
3.4 Beschreibung der Module   28
3.4.1 Modul I: Verbesserung planen und vereinbaren   30
3.4.2 Modul II: Fakten und Daten erfassen   38
3.4.3 Modul III: Ursachen für die Abweichungen erkennen   45
3.4.4 Modul IV: Ursachen entkräften und Erfolg kontrollieren   51
3.5 Werkzeuge des Leitfadens   55
3.5.1 Ablaufdiagramm   56
3.5.2 Ablauf-Grobdarstellung   58
3.5.3 Aktionsplan   58
3.5.4 Aushang »Stand Verbesserungsvorhaben«   58
3.5.5 Bewertungstabelle für Maßnahmen   60
3.5.6 Bewertungstabelle für Verbesserungsvorhaben   60
3.5.7 Chance-Risiko-Betrachtung   60
3.5.8 Datenerfassungsplan   62
3.5.9 Fischgrätdiagramm   62
3.5.10 Häufigkeitsdiagramm (Histogramm)   63
3.5.11 Hypothesentests   64
3.5.12 Kastendiagramm   65
3.5.13 Kontrollplan   67
3.5.14 Korrelation   67
3.5.15 REFA-Materialflussanalyse   67
3.5.16 Medianzyklusdiagramm   68
3.5.17 Messsystemanalyse (MSA) für qualitative Daten   69
3.5.18 Messsystemanalyse (MSA) für quantitative Daten (automatisch gemessen) 69

3.5.19 Messsystemanalyse (MSA) für quantitative Daten (manuell) 71
3.5.20 Normalverteilungstest 71
3.5.21 Paarweiser Vergleich 72
3.5.22 Paretodiagramm 72
3.5.23 Pivotdiagramm 74
3.5.24 Prozessfähigkeitsanalyse 74
3.5.25 Regression 76
3.5.26 Statistische Kenngrößen 76
3.5.27 Strichliste/Begleitblatt 78
3.5.28 Ursache-Wirkungs-Tabelle 79
3.5.29 Verbesserungsvereinbarung 80
3.5.30 Zeitverlaufsdiagramm 81
3.5.31 Zielwertanalyse 81

4 Anwendungsmöglichkeiten des Leitfadens 82

5 Praxisbeispiele 86
5.1 FWB Brökelmann Aluminium 86
5.1.1 Verbesserung planen und vereinbaren 86
5.1.2 Fakten und Daten erfassen 90
5.1.3 Ursachen für die Abweichung erkennen 92
5.1.4 Ursachen entkräften und Erfolg kontrollieren 98
5.1.5 Fazit 98
5.2 Infineon Technologies AG 98
5.2.1 Verbesserung planen und vereinbaren 99
5.2.2 Fakten und Daten erfassen 102
5.2.3 Ursachen für die Abweichung erkennen 104
5.2.4 Ursachen entkräften und Erfolg kontrollieren 105
5.2.5 Fazit 107
5.3 AEG Power Supply Systems GmbH 108
5.3.1 Verbesserung planen und vereinbaren 108
5.3.2 Fakten und Daten erfassen 112
5.3.3 Ursachen für Abweichungen erkennen 113
5.3.4 Ursachen entkräften und Erfolg kontrollieren 114
5.3.5 Fazit 114

6 Quellenangaben und Literatur 116

1 Einleitung

Eine Grundvoraussetzung für die Sicherung und den Ausbau von Produktionsarbeitsplätzen in Deutschland ist die permanente Erhöhung des Wertschöpfungsanteils in den Produktions- und Arbeitssystemen des gesamten Unternehmens. Das Erkennen, Vermeiden und Reduzieren von Verschwendung in allen Unternehmensbereichen ist eine gemeinsame Aufgabe von Führungskräften und Mitarbeitern.

Die konzentrierte Suche nach Verbesserungsmöglichkeiten auf allen betrieblichen Handlungsebenen und die Konzentration auf die Wertschöpfung hat auch das Ziel, robuste und stabile Prozesse und Abläufe zu schaffen. Mangelnde Prozesssicherheit führt dazu, dass Unternehmensziele und Vorgaben ggf. dauerhaft oder regelmäßig immer wieder nicht erfüllt werden können, also beispielsweise

- Qualitäts- und Produktivitätsziele mit »normalem« Aufwand nicht erreicht werden können,
- Produkte oder Teilergebnisse reklamiert, nachgearbeitet oder verschrottet werden,
- Ergebnisse administrativer Prozesse (z. B. Rechnungen, Dokumentationen, Produktzeugnisse, -bescheinigungen, Angebote, Auftragsbestätigungen, …) »langwierig« oder fehlerhaft sind und zusätzlichen Aufwand verursachen,
- Durchlaufzeiten und Liefertermine nicht eingehalten werden oder
- kalkulierte Kosten und Budgets überschritten werden.

Solche und andere »Abweichungen« sind besonders offensichtliche Hinweise auf Verschwendung und akuten Verbesserungsbedarf in Abläufen und Prozessen. Um die damit verbundenen Verbesserungspotenziale zu erschließen, muss die kontinuierliche Verbesserung in den betrieblichen Strukturen fest verankert und als Kerngeschäft aller Führungskräfte und Mitarbeiter verstanden werden, das insbesondere von Führungskräften sowie auch von Experten und Mitarbeitern vor Ort intensiv vorangetrieben wird. Ursachen für Abweichungen vom Standard müssen analysiert, gezielte Maßnahmen dagegen erarbeitet und als neue Arbeits- und Prozessstandards auf Alltagstauglichkeit erprobt, sowie nachhaltig umgesetzt und ständig weiterentwickelt werden.

Der vorliegende Leitfaden hilft bei der Verbesserungsarbeit im oben beschriebenen Sinne und ist vor allem darauf ausgerichtet, Abweichungen, deren Ursachen nicht genau bekannt sind, nachhaltig zu beseitigen. Die dazu angebotene

Vorgehensweise mit klaren Arbeitsschritten und zugeordneten Werkzeugen ist prinzipiell für alle Abläufe mit messbaren Ergebnissen geeignet, egal ob in der Produktion, Planung, Entwicklung, oder Administration. Sie unterstützt die Führungskräfte wirkungsvoll bei ihrer Kernaufgabe, Abläufe und Prozesse ständig zu verbessern und den expertenbezogenen Verbesserungsprozess strukturiert, faktenbasiert und transparent voranzutreiben, um damit einen täglichen Beitrag zur positiven Entwicklung der wirtschaftlichen Kennzahlen einzubringen.

Führungskräfte und Verantwortliche stoßen dazu Verbesserungsaktivitäten mit klar strukturierten Arbeitsschritten an. Die Umsetzung dieser Aktivitäten übernehmen die Führungskräfte in der Regel selbst oder übergeben sie an Mitarbeiter, mit denen sie eng zusammen arbeiten. Die Verbesserungsaktivitäten werden durch Experten aus den betroffenen Bereichen unterstützt.

Nach erfolgreicher Verbesserung bleibt eine Überwachung der Abweichung dauerhaft bestehen, auch wenn die weitere Kontrolle unnötig scheint. Dadurch werden »Rückfälle« oder neue unerwünschte Entwicklungen zeitnah erkannt und ggf. ein Wiedereinstieg in geeignete Schritte veranlasst.

Der Leitfaden ist in verschiedenen betrieblichen Situationen nutzbar, unter anderem zur

- Umsetzung von Unternehmensvisionen, -strategien und -zielen durch aufeinander abgestimmte Aktivitäten mit breiter Wirkung, in den verschiedensten Ebenen und Bereichen des Unternehmens,
- gezielten Beseitigung einzelner besonders störender Abweichungen,
- Unterstützung verschiedenster betrieblicher Aktivitäten und Initiativen oder
- Umsetzung strategischer »Leuchtturm-Verbesserungen« zur Motivation.

Das angebotene Vorgehen zur Abweichungsbeseitigung mit den vier Schritten

- Verbesserung planen und vereinbaren,
- Fakten und Daten erfassen,
- Ursachen für die Abweichung erkennen,
- Ursachen entkräften und Erfolg kontrollieren

ist nicht neu und erhebt bewusst auch nicht diesen Anspruch. Es berücksichtigt vielmehr die Gemeinsamkeiten bekannter sowie bewährter Methoden und Vorgehensweisen wie

- dem PDCA-Zyklus,
- der RADAR-Methode der EFQM,
- dem DMAIC-Zirkel aus Six Sigma,
- dem 8 D-Report,
- der REFA Planungssystematik

und anderer Methoden.

Diese Methoden und Vorgehensweisen folgen einem gemeinsamen »roten Faden«, der auch das »Rückgrat« psychologischer Modelle menschlicher Problemlösetechniken bildet und – eigentlich – in all unseren Köpfen präsent ist. Den genannten Methoden ist ein in sich geschlossener Ablauf gemein, der eine Planungs-, eine Ausführungs- und eine Kontrollphase umfasst.

Ob Abweichungen erfolgreich beseitigt werden, hängt in den meisten Fällen weniger davon ab, welche Methode dazu genutzt wird oder ob diese besonders neu und »modern« ist, sondern vielmehr davon, ob sie konsequent von allen Beteiligten angewendet und auftretende Hindernisse gemeinsam und entschlossen überwunden werden. Hindernisse, die zum Scheitern von Verbesserungsaktivitäten führen, können in der Regel zurückgeführt werden auf einen Mangel an

- Zeit und Kapazitäten/Ressourcen,
- Methodenwissen und Systematik,
- Vertrauen und Transparenz sowie daraus resultierende Verlustängste oder
- Kooperation.

Der Leitfaden soll helfen, diese und andere Hindernisse im Betriebsalltag leichter zu überwinden. Er bietet dazu eine wirkungsvolle Grundausstattung, die ohne weitere »technische Voraussetzungen« sofort den Einstieg in die nachhaltige Beseitigung von Abweichungen ermöglicht. Direkt nutzbare Werkzeuge auf der beigefügten CD-ROM unterstützen zielgerichtet bei den einzelnen Arbeitsschritten und der Erstellung einer Dokumentation der Verbesserungsaktivitäten.

Der Leitfaden ist nicht als Buch konzipiert, das kapitelweise von vorne bis hinten durchzulesen ist. Er ist vielmehr dafür ausgelegt, bei konkreten Verbesserungsaktivitäten rechnergestützt und interaktiv Hilfestellung zu bieten.

Für einen schnellen Einstieg in den Leitfaden ist die Lektüre der Kapitel 1 bis 3.3 sowie 4 und 5 (zumindest 3.1 bis einschließlich 3.3) empfehlenswert. Danach kann die CD für konkrete Verbesserungsarbeit genutzt werden. Dabei bewegt man sich durch die einzelnen Arbeitsschritte, öffnet zugeordnete Werkzeuge, wendet diese an und speichert die Ergebnisse.

Die Beschreibungen der Module in Kapitel 3.4 sind weniger für die zusammenhängende Lektüre sondern – bei Bedarf – zum Nachschlagen sowie als situationsbezogene Vertiefung bei der Arbeit mit der CD gedacht. Gleiches gilt für die Beschreibung der Werkzeuge in Kapitel 3.5.

Der Leitfaden richtet sich vorrangig an diejenigen, die noch kein festes Vorgehen zur dauerhaften Beseitigung von Abweichungen in ihren Abläufen und Prozessen etabliert haben oder die mit ihren bisher erzielten Ergebnissen nicht zufrieden sind und diese verbessern möchten.

An drei unterschiedlichen betrieblichen Praxisbeispielen wird die Anwendung des Leitfadens anschaulich beschrieben und seine Vielseitigkeit verdeutlicht. □

2 Abläufe verbessern

2.1 Abläufe und Prozesse

Ansatzpunkt für die Vorgehensweise des Leitfadens sind Abläufe und Prozesse, weil in ihnen alle Schritte, die zur Erstellung eines Produktes oder einer Dienstleistung erforderlich sind, bereichs- und hierarchieübergreifend zusammengefasst sind und als zusammengehörend erkannt und behandelt werden. Im Vergleich zu einer funktions- oder hierarchieorientierten Betrachtung rücken so das Produkt oder die Dienstleistung als Ganzes – und vor allem deren Kunden – in den Vordergrund aller Aktivitäten und Überlegungen.

Die vielfältigen Prozesse eines Unternehmens können beispielsweise in Kern-, Unterstützungs- und Führungsprozesse eingeteilt werden. Eine einheitliche Typologie hierzu besteht nicht. Charakteristische oder typische Prozesse – wie Produktentwicklung, Beschaffung, Produktion usw. – werden auch als Geschäftsprozesse bezeichnet. Die komplette Bearbeitung eines spezifischen Kundenauftrages vom Auftragseingang bis zur Lieferung umfasst in der Regel mehrere Geschäftsprozesse, die miteinander verknüpft sind.

Für den Titel des Leitfadens wurde bewusst der Begriff Ablauf als möglichst allgemeine Bezeichnung, die einen breiten Zugang zum Thema ermöglicht, gewählt. Im Sinne dieses Leitfadens wird zwischen Ablauf und Prozess kein Unterschied gemacht. Beide werden als Folge aufeinander abgestimmter

Abb. 2-1: Schematische Darstellung eines Ablaufes oder Prozesses

Handlungen (Ablaufschritte) angesehen, die das Ziel haben, Eingaben (z. B. Material oder Informationen) mit Hilfe eingesetzter Ressourcen (beispielsweise Arbeitsmittel und Mitarbeiter) unter Einwirkung äußerer Einflüsse in Ausgaben bzw. Ergebnisse mit Eigenschaften, die Vorgaben und Anforderungen genügen, umzuwandeln. Vorgaben resultieren aus Anforderungen des Kunden oder aus Unternehmenszielen. In Abb. 2-1 ist ein Ablauf schematisch dargestellt. Die Vorgaben, welche die Ausgaben einhalten sollen, entsprechen darin dem Inneren des blauen Ringes.

2.2 Beseitigung von Abweichungen

Verschwendung und akuter Verbesserungsbedarf liegen vor, wenn die Ergebnisse von Abläufen die Vorgaben oder Anforderungen nicht erfüllen, also den in Abb. 2-1 dargestellten Sollbereich im Inneren des blauen Ringes nicht »treffen«. Beispiele für solche »Abweichungen« sind regelmäßige Qualitätsmängel, interne oder externe Reklamationen, Budget- oder Terminüberschreitungen. Abweichungen können grundsätzlich durch

- die Eingaben,
- die Gestaltung der Ablaufschritte,
- die Ressourcen,
- die äußeren Einflüsse oder
- die Vorgaben

des Ablaufes oder ein Zusammenwirken dieser Faktoren verursacht werden. Daraus lassen sich verschiedene Typen von Abweichungen herleiten.

- Abweichungen infolge unzureichender Eingaben, Gestaltung von Ablaufschritten und/oder Ressourcen
  Das können sein: Oberflächenfehler am Fertigprodukt wegen schadhaftem Rohmaterial, lange Verzögerungen beim Durchlauf einer Kundenrechnung wegen zahlreicher Schnittstellen, Maßabweichungen am Zwischenprodukt wegen mangelnder Maschinengenauigkeit oder falscher Maschinenbedienung.
- Abweichungen infolge veränderter äußerer Einflüsse
  Z. B.: Überschreiten der Herstellkosten eines Produktes wegen gestiegener Rohstoffkosten oder Überschreiten der kalkulierten Kosten für das Erstellen einer Dienstleistung wegen gestiegener Personalkosten.

- Abweichungen infolge geänderter Vorgaben
  Hierzu gehören z.b. Maßabweichungen aufgrund einer Einschränkung zulässiger Toleranzen durch den Kunden bei unverändertem Ablauf oder Nichterfüllung von Sicherheitsvorgaben nach Änderung gesetzlicher Bestimmungen.

Zur Beseitigung von Abweichungen müssen bislang unbekannte Ursachen schnell erkannt und zielgerichtet Maßnahmen dagegen entwickelt werden. Sind die Ursachen bekannt und unbeeinflussbar, z.b. gestiegene Rohstoffpreise, müssen andere Einflussfaktoren – beispielsweise Materialbedarf infolge konstruktiver Gestaltung, Fertigungs- oder Montagezeiten – auf die Abweichung gefunden und so gestaltet werden, dass sie die Wirkung der unbeeinflussbaren Faktoren kompensieren. Dabei unterstützen die Methoden zur Verbesserung von Abläufen.

2.3 Methoden zur Verbesserung von Abläufen

Verbesserungen werden in den Unternehmen oft kampagnenartig betrieben. Die Frequenz des Methodenwechsels entspricht dabei vielfach derjenigen, mit der auch die Führungskräfte wechseln. Infolge dieser Kurzlebigkeit und teilweise schnell wechselnder Schwerpunkte kann übergeordnetes und umfassendes Methodenwissen und -verständnis verloren gehen bzw. nur schwer aufgebaut werden. Vielfach würde die Stabilisierung und kontinuierliche Verfolgung eines einmal beschrittenen Weges vielleicht einfacher, schneller, zuverlässiger und für die Mitarbeiter motivierender zum Erfolg führen, als häufige Methodenwechsel.

Für die Verbesserung oder Optimierung von Abläufen gibt es viele bewährte Vorgehensweisen, die jedoch grundsätzlich auf dem gleichen Prinzip basieren.

Dieses kann darauf zurückgeführt werden, wie Menschen üblicherweise bei der Lösung von Problemen vorgehen.

Ein Problem umfasst dabei drei wesentliche Komponenten (Dörner 1979):

- einen unerwünschten Anfangszustand
- einen angestrebten Zielzustand und
- eine Barriere, welche die Überführung des Anfangs- in den Zielzustand erschwert oder verhindert.

Genau diese Komponenten finden wir auch bei der Beseitigung von Abweichungen infolge unbekannter oder nicht sicher bekannter Ursachen, die Gegenstand dieses Leitfadens ist.

In der Psychologie sind Phasenmodelle zur Lösung komplexer Probleme beschrieben. Eine Struktur, die sich in vielen Arbeiten wieder findet (Reinkensmeier 2001 mit Hinweis auf D'Zurilla & Goldfried 1971; Ulrich & Probst 1988; Dörner 1989) umfasst die Schritte

- Analyse der Ausgangssituation,
- Zielausarbeitung
- Erarbeitung von Lösungsalternativen
- Entscheidung und Auswahl
- Handlungsdurchführung
- Kontrolle

Die Struktur kann auch in einen Orientierungs-, Ausführungs- und Kontrollteil der Handlung unterteilt werden (Sell 1989).

Diese Schritte finden sich prinzipiell auch in bekannten Methoden, wie beispielsweise

- PDCA-Zyklus (Plan, Do, Check, Act),
- RADAR-Methode der EFQM,
- REFA 6-Schrittsystematik,
- DMAIC-Methode (Define, Measure, Analyse, Improve, Control) von Six Sigma und dem
- 8 D-Report.

Diese Methoden werden im Folgenden zur Verdeutlichung kurz beschrieben und gegenübergestellt.

PDCA-Zyklus

PDCA steht für Plan, Do, Check, Act (Planen, Tun, Prüfen, (Re)Agieren). Der PDCA-Zyklus wurde erstmals von Walter Shewart beschrieben und etabliert. Nach der Einführung und Verbreitung in Japan durch Shewarts Zeitgenossen und Weggefährten W. Edwards Deming in der Zeit nach dem 2. Weltkrieg, wurde dort der Begriff Deming-Zirkel oder -Zyklus geprägt, der inzwischen allgemein Verwendung findet (Deming 1992 mit Hinweis auf Shewart 1939).

Phase	Inhalt
Planen (Plan)	Das Problem (Nichtübereinstimmung von Soll- und Ist-Zustand) wird eindeutig beschrieben. Mögliche Problemursachen werden gesammelt, und Maßnahmen gegen die mutmaßlichen Ursachen einschließlich ihrer Umsetzung geplant.
Tun (Do)	Maßnahmen umsetzen gemäß Plan.
Prüfen (Check)	Die umfassende und sorgfältige Umsetzung der Maßnahmen sowie deren Erfolg werden geprüft.
(Re)Agieren (Act)	Wenn das Problem beseitigt ist, wird der neue Ablauf einschließlich der umgesetzten Maßnahmen als neuer Standard etabliert. Wenn das Problem nicht beseitigt wurde, müssen die Maßnahmen ggf. umfassender und durchgängiger umgesetzt oder neue Maßnahmen entwickelt werden.

RADAR

RADAR steht für Results, Approach, Deployment, Assessment, Review (Ergebnisse, Vorgehen, Umsetzung, Bewertung und Überprüfung) und ist wesentliches Element des EFQM-Modells. Das Modell wurde 1988 von 14 führenden europäischen Unternehmen, die sich zur European Foundation for Quality Management zusammengeschlossen haben, verabschiedet. Das Modell beschreibt, wie eine Organisation exzellente Prozesse einrichten, betreiben und dies überprüfen kann.

Die Methode berücksichtigt sowohl die Neugestaltung als auch die Anpassung bestehender Abläufe und Prozesse.

Phase	Inhalt
Ergebnisse (Results)	Ergebnisse sind sowohl die geplanten oder vorgegebenen Ergebnisse (Ziele) als auch die tatsächlich erreichten Ergebnisse (Ist-Werte) auf verschiedenen Betrachtungs- und Hierarchieebenen. Betrachtungsebenen können beispielsweise die Kunden-, Prozess-, Mitarbeiter- oder die gesellschaftliche Ebene sein. Hierarchiestufen können vom Arbeitsplatz bis zum Gesamtunternehmen reichen. Ergebnisse müssen angemessen geplant sein und erreicht werden.

Vorgehen (Approach)	Um die geplanten Ergebnisse aktuell und zukünftig sicher zu erreichen, muss die Organisation über angemessene Vorgehensweisen – Abläufe und Prozesse – verfügen.
Umsetzung (Deployment)	Die Vorgehensweise muss sorgfältig und vollständig umgesetzt sein.
Bewertung und Überprüfung (Assessment und Review)	Die Umsetzung der gewählten Vorgehensweise wird überprüft. Sobald Ergebnisse vorliegen, wird geprüft, ob die Ziele erreicht sind oder ob das Vorgehen und seine Umsetzung ggf. angepasst werden müssen. Erforderlichenfalls werden hierzu Verbesserungsmaßnahmen identifiziert, geplant und umgesetzt

(Aktuelle Informationen zur EFQM und RADAR sind beispielsweise unter www.efqm.com verfügbar)

DMAIC-Methode

DMAIC ist die Abkürzung für Define, Measure, Analyse, Improve, Control (Definieren, Messen, Analysieren, Verbessern, Kontrollieren). Die DMAIC-Methode ist wesentlicher Bestandteil von Six Sigma. Six Sigma identifiziert unter Einbeziehung des Managements für den Unternehmenserfolg maßgebliche Prozesse oder Unternehmensbereiche, die einen besonders starken Einfluss auf die Kundenzufriedenheit, Kosten, Wirtschaftlichkeit und oder eine erfolgreiche Umsetzung der Unternehmensstrategie haben. Die Güte oder Ausbeute dieser Prozesse soll mit der DMAIC-Methode auf ein Niveau von »Six Sigma« angehoben werden. Das bedeutet statistisch, dass der zulässige Bereich für die Ausgaben oder Prozessergebnisse 12mal so groß ist, wie die Standardabweichung des Prozesses. Von einer Million Prozessergebnissen sind dann nur 3,4 nicht vorgabegemäß.

Phase	Inhalt
Definieren (Define)	In der Definitionsphase werden die Abweichungen (zwischen Ist- und Soll-Zustand) sowie das vorgesehene Projekt. zur Beseitigung dieser Abweichungen definiert. Dies mündet in einen Projektvertrag, in dem z. B. Art und – soweit bekannt – Umfang der Abweichung, Zielwert, Projektumfang und -beteiligte sowie der Terminplan festgehalten und vereinbart sind.

Messen (Measure)	Der genaue Wert der Abweichung wird gemessen. Dabei werden gleichzeitig auch zugehörige mögliche Einflussfaktoren gemessen und deren jeweilige Werte dokumentiert. Außerdem wird geprüft, ob das Messsystem, mit dem die Werte ermittelt wurden, zuverlässig arbeitet. Dies stellt sicher, dass nicht aufgrund falscher Messwerte unzureichende Maßnahmen entwickelt und umgesetzt werden und so Ressourcen verschwendet werden.
Analysieren (Analyse)	In dieser Phase wird geprüft, welche der möglichen Abweichungsursachen tatsächlich maßgeblichen Einfluss haben und deshalb bei der Planung von Maßnahmen besondere Berücksichtigung finden sollten. Diese Analyse kann mit statistischen Werkzeugen wie beispielsweise Hypothesentests oder statistischer Versuchsplanung, mit einfachen teamorientierten Werkzeugen wie dem Ursache-Wirkungs-Diagramm oder mit grafischen Werkzeugen wie dem »Pareto- oder Streudiagramm« erfolgen.
Verbessern (Improve)	Die wahren Ursachen werden falls noch nicht sicher bekannt weiter »eingekreist«, ihre genaue Wirkungsweise – auch in Verbindung mit anderen Ursachen – bestimmt und zielgerichtete Maßnahmen entwickelt und umgesetzt.
Kontrollieren (Control)	Mit Hilfe des unter »Messen« eingeführten Messsystems werden die Prozessergebnisse kontinuierlich kontrolliert und überprüft, ob die erwarteten Verbesserungen auch tatsächlich eintreten. Falls nicht, ist ein Wiedereinstieg in vorherige Schritte erforderlich. Das dauerhaft genutzte Messsystem gibt darüber hinaus zuverlässige Hinweise, falls die Wirkung von Maßnahmen nachlässt oder neue Abweichungsursachen auftreten.

Zur Six Sigma Methode liegen zahlreiche Veröffentlichungen vor (unter anderem: Harry & Schröder 2001; Broecheler & Schönberger 2004; Eckes 2003; Magnusson, Kroslid & Bergmann 2001; Rehben & Yurdakul 2003; Töpfer 2003/ 2004; Williams, Bertels, & Dershin 2002)

8-D Report

Der 8-D Report ist ein anerkanntes und beispielsweise in der Automobilindustrie von Kunden vielfach gefordertes Arbeitsmittel im Qualitätsmanagement, mit dem Kundenreklamationen schnell und nachhaltig bearbeitet werden sollen. Aufgrund der relativ übersichtlichen Struktur und einfachen Anwendbarkeit eignet sich diese Methode jedoch auch für die systematische Beseitigung von Abweichungen im Unternehmen. Der 8-D Report wurde unter anderem vom Verband der Automobilindustrie standardisiert. Formulare und Erläuterungen können von dessen Homepage (www.vdaqmc.de) heruntergeladen werden.

Die 8 Schritte sind wie folgt definiert:

Schritt 1	Team formieren
Schritt 2	Problem beschreiben
Schritt 3	Sofortmaßnahmen, Messsystem prüfen
Schritt 4	Mögliche Ursachen sammeln
Schritt 5	Tatsächliche Ursachen ermitteln
Schritt 6	Maßnahmen dagegen umsetzen
Schritt 7	Erfolg würdigen
Schritt 8	Erfolgskontrolle

REFA Planungssystematik

Die REFA Planungssystematik ist in erster Linie ausgelegt für die Neugestaltung noch nicht bestehender Arbeitssysteme sowie die Weiterentwicklung oder die Verbesserung bestehender Arbeitssysteme. »Dies erfordert eine Reihe von Arbeitsschritten, die letztlich jedem systematischen Vorgehen zugrunde liegen«, (REFA 1991, S.118):

Die Schritte sind im Einzelnen:

Schritt 1	Ausgangssituation analysieren
Schritt 2	Ziele festlegen, Aufgaben abgrenzen
Schritt 3	Arbeitssystem(-varianten) konzipieren
Schritt 4	Arbeitssystem detaillieren
Schritt 5	Arbeitssystem einführen
Schritt 6	Arbeitssystem einsetzen (Erfolgskontrolle)

(REFA 1991, S. 127)

Problemlöseprozess	PDCA	RADAR	DMAIC	8-D Report	REFA
Ausgangssituation untersuchen	P	R	D, M	1, 2, 3	1
Ziel ausarbeiten					2
Lösungsalternativen erarbeiten		A	A	4, 5	3, 4
Lösungsalternativen auswählen					
Lösungen umsetzen	D	D	I	6	5
Erfolg kontrollieren	C	A, R	C	7, 8	6
	A				

Abb. 2-2: Synopse verschiedener Vorgehensweisen zur systematischen Verbesserung von Abläufen

Gegenüberstellung

Eine prinzipielle Gegenüberstellung der genannten Methoden ist in Abb. 2-2 dargestellt. Die Schritte werden von oben nach unten durchlaufen. Es sind aber jederzeit Sprünge in zurückliegende Schritte möglich, um das jeweilige Schema ggf. von da ausgehend erneut zu durchlaufen. Das kann erforderlich sein, wenn sich herausstellt, dass vermutete Ursachen nicht die angenommene Bedeutung haben, Maßnahmen nicht die erwarteten Verbesserungen bringen oder im Verlauf der Zeit neue Abweichungsursachen auftreten.

Die Schritte aller Methoden können denjenigen des idealtypischen Vorgehens bei der Problemlösung zugeordnet werden. Unterschiede zwischen den Vorgehensweisen gibt es nicht bei der grundsätzlichen Logik des Ablaufs, sondern vor, allem hinsichtlich der Bezeichnungen und der Detailliertheit der einzelnen Schritte.

Auch weitere bekannte Methoden basieren auf dem beschriebenen Grundprinzip der Problemlösung, sind aber bereits speziell auf bestimmte Arten von Abweichungen »zugeschnitten«. Hierzu gehören das schnelle Rüsten »Single Minute Exchange of Die« (SMED), das Wertstromdesign oder Total Productive Maintenance (TPM).

Bei SMED ist die Abweichung üblicherweise eine zu hohe Rüstzeit. Der Rüstvorgang einschließlich der erforderlichen Zeiten wird z. B. mit Videoaufnahmen oder Aufschreibung erfasst und in Einzelschritte zerlegt (Ausgangssituation untersuchen). Schritte mit hohem Zeitbedarf oder geringem Rüstfortschritt werden dabei erkannt und durch Parallelisierung, Zusammenfassung, Qualifikation und/oder technische Maßnahmen verbessert (Lösungsalternativen erarbeiten, auswählen und umsetzen) und der Erfolg der umgesetzten Maßnahmen dauerhaft überwacht (Erfolg kontrollieren).

Beim Wertstromdesign sind die Abweichungen in der Regel hohe Liege- und Durchlaufzeiten sowie eine hohe Kapitalbindung. Durchlaufzeiten, Bearbeitungszeiten, Losgrößen und Kundenbedarf werden im Ist-Zustand erfasst (Ausgangssituation untersuchen). Hierauf basierend wird ein Soll-Zustand beschrieben, der durch bessere Synchronisation einzelner Stationen, Einführung des Pull-Prinzips, Kanban-Steuerung, Losgrößen- und Rüstzeitreduzierungen sowie Kombinationen dieser Lösungen erreicht werden soll (Ziel ausarbeiten, Lösungsalternativen erarbeiten, auswählen und umsetzen). Nach der Umsetzung wird die Wirkung der Maßnahmen kontinuierlich geprüft (Erfolg kontrollieren).

Bei TPM ist die Abweichung üblicherweise ein zu geringer Nutzungsgrad von Produktionseinrichtungen. Nutzungsgrade und Ausfallursachen werden genau erfasst (Ausgangssituation untersuchen). Durch gezielte Verringerung von Stillständen und unproduktiven Zeitanteilen, wie technisch oder organisatorisch bedingten Stillständen, Rüst- und Anfahrzeiten, Leerlauf, Produktion von Ausschuss und das Nacharbeiten von Produkten wird der Nutzungsgrad erhöht (Ziele ausarbeiten, Lösungsalternativen erarbeiten, auswählen und umsetzen). Die ständige Erfassung der Wirkungsgrade gestattet es, die Wirksamkeit umgesetzter Maßnahmen sofort zu beurteilen und diese ggf. anzupassen (Erfolg kontrollieren). □

3 Aufbau und Anwendung des Leitfadens

3.1 Struktur und Module des Leitfadens

Wie in Abschnitt 2.3 beschrieben, gibt es viele – bereits bewährte – Methoden zur Verbesserung von Abläufen, die eine gemeinsame Grundstruktur aufweisen. Ziel dieses Leitfadens ist nicht, Bewährtes neu zu erfinden, sondern es möglichst allgemein darzustellen und zugänglich zu machen.

Die Vorgehensweise und Struktur dieses Leitfadens umfasst vier Hauptarbeitsschritte bzw. Module.

I. Verbesserung planen und vereinbaren

II. Fakten und Daten erfassen

III. Ursachen für die Abweichung erkennen

IV. Ursachen entkräften und Erfolg kontrollieren

Die Einhaltung dieser Schritte sichert, dass

- Verbesserungen auf einer breiten und fachkompetenten Grundlage geplant und vereinbart werden,
- Zahlen, Daten und Fakten die wichtigste Grundlage der Verbesserungsaktivitäten bilden,
- Maßnahmen nur für die tatsächlich wirksamen Ursachen der Abweichung erarbeitet und umgesetzt werden,
- Ergebnisse auch nach Erreichen der Vorgaben kontinuierlich weiter überwacht und Erfolge nachhaltig bleiben.

Gesamtstruktur

Die Arbeitsschritte sowie Leitfragen und wesentliche Ergebnisse der Hauptarbeitsschritte bzw. Module sind in Abb. 3-1 dargestellt. Die senkrecht nach unten verlaufenden Pfeile beschreiben den idealisierten Verlauf der Verbesserungsaktivitäten. Beim Durchlaufen der Module können aber jederzeit auch Sprünge in zurückliegende Module erforderlich sein. Um die Darstellung übersichtlich zu halten, sind diese Sprünge nicht eingezeichnet.

Die Verbesserungsaktivitäten sind nachhaltig angelegt. Das bedeutet, dass Abweichungen – auch wenn sie erfolgreich beseitigt wurden – unbedingt weiter kontrolliert werden. Dazu wird eine »permanente« Überwachung der Abwei-

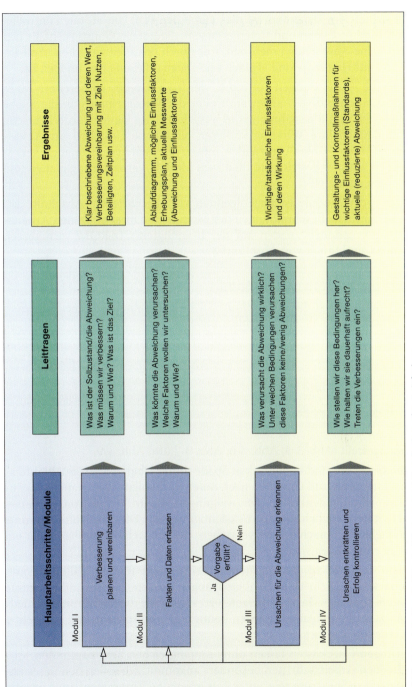

Abb. 3-1: Arbeitsschritte, Leitfragen und Ergebnisse des Leitfadens

chung installiert. Im Diagramm ist dies durch den Pfeil von »Erfolg kontrollieren« zum Modul »Fakten und Daten erfassen« dargestellt. Günstigstenfalls tritt dauerhaft keine Abweichung mehr auf, was durch den Pfeil zwischen »Soll-Ergebnis erreicht? (Ja-Pfad)« und »Fakten und Daten erfassen« beschrieben ist.

Wenn erneut Abweichungen auftreten, werden entweder vorbereitete Maßnahmen situationsbezogen angewandt oder der Wiedereinstieg in die Suche nach Ursachen und Maßnahmen wird ausgelöst. Dies kann erforderlich sein, falls Maßnahmen ihre Wirkung verlieren oder neue Ursachen für Abweichungen auftreten. Unter Umständen müssen bestehende Ziele auch verändert werden, was der gestrichelte Pfeil zum Modul »Verbesserung planen und vereinbaren« andeutet.

Der Aufbau der Module ist im Folgenden kurz beschrieben. Abschnitt 3.4. enthält ausführliche Beschreibungen der Module und ihrer einzelnen Arbeitsschritte. Informationen zu den auf der beigefügten CD-ROM verfügbaren Werkzeugen sind Inhalt von Abschnitt 3.5.

3.2 Prinzipieller Aufbau der Module

Der Leitfaden umfasst die in Abschnitt 3.1 beschriebenen Module. Zu jedem Modul ist auf einer Seite ein Überblick mit

- Arbeitsschritten,
- Leitfragen/Checkliste und
- verfügbaren Werkzeugen

zusammengestellt, Abb. 3-5, Abb. 3-6, Abb. 3-7 und Abb. 3-9.

Die Arbeitsschritte sind in der linken Spalte dieser Übersichten als Ablaufdiagramme dargestellt und von oben nach unten nachvollziehbar. Natürlich können darin nicht alle denkbaren Verzweigungen, die im Verlauf von Verbesserungsaktivitäten möglich sind, berücksichtigt werden. Diese Ablaufdiagramme sind vielmehr als Vorschläge zu verstehen, die für viele »typische« Fälle ein geeigneter roter Faden sind.

Außerdem sind die vorgeschlagenen Schritte nicht für alle Fälle relevant. Manchmal können Schritte auch übersprungen werden. Die Ablaufdiagramme der Module sind als »Maximalvariante« zu verstehen, die höchst unterschiedlich genutzt und durchlaufen werden können. Die Beispiele in den Kapiteln 4 und 5 verdeutlichen dies.

Die Leitfragen/Checklisten fassen ohne umfangreichen Text zusammen, worauf es bei den Arbeitsschritten besonders ankommt. Sie sollen den Leser anregen, das ganze Spektrum relevanter Tatsachen und Zusammenhänge intuitiv zu berücksichtigen. Dabei ist nicht jede Frage für jede Verbesserung von Bedeutung. Ebenso können auch nicht alle für eine Verbesserung möglicherweise wichtigen Fragen berücksichtigt sein. Auch die Leitfragen sind auf häufige Fälle zugeschnitten.

Die Fragen scheinen manchmal unnötig oder banal. Sie sollten dennoch nicht zu schnell und oberflächlich durchgegangen werden. Die Auseinandersetzung mit den Fragen lohnt sich, weil sie auf Punkte hinweisen, deren Nichtbeachtung den Erfolg der Verbesserung gefährden oder unnötig erhöhten Aufwand verursachen kann.

Die Fragen sind mit grünen und roten Punkten gekennzeichnet. Fragen mit rotem Punkt sind »Ampelfragen«, und können mit »Ja« oder »Nein« beantwortet werden. Wenn die Antwort »Nein« lautet, ist die Fortsetzung der Verbesserungsaktivitäten kritisch zu hinterfragen. Die Wahrscheinlichkeit eines Misserfolges steigt beträchtlich mit dem Überschreiten »roter Ampeln«.

Die Werkzeuge unterstützen zielgerichtet bei den Arbeitsschritten und sind mit grünen Punkten oder Gedankenstrichen »–« gekennzeichnet. Werkzeuge mit grünem Punkt sind auf der CD des Leitfadens als MS Excel oder Word Dateien verfügbar und können direkt geöffnet und genutzt werden. Eingaben und Ergebnisse können gespeichert und für eine vielseitig anwendbare Dokumentation der Verbesserungsaktivitäten genutzt werden. Werkzeuge oder Hilfsmittel mit Gedankenstrich »–« sind auf der CD-ROM nicht verfügbar, weil sie dafür zu unternehmensspezifisch oder zu komplex sind. Falls möglich, sollten diese genutzt werden, weil sie für die Arbeitsschritte sinnvoll und hilfreich sein können.

Bei den Werkzeugen wird – ähnlich wie bei den Arbeitsschritten und Leitfragen – ein für viele Verbesserungstypen geeigneter Querschnitt angeboten. Diese Auswahl ist weder vollständig, noch müssen alle verfügbaren Werkzeuge unbedingt genutzt werden. Natürlich können auch zusätzliche oder andere bewährte Werkzeuge, mit denen gute Erfahrungen gemacht wurden, hinzugefügt werden.

Einige der Werkzeuge sind unterstrichen. Dabei handelt es sich um Werkzeuge, die in der Regel für alle Arten von Vorhaben empfehlenswert sind und deshalb genutzt werden sollten.

Die Werkzeuge und deren zielgerichtete Anwendung werden in Abschnitt 3.5 sowie auf der CD vorgestellt. Die Beschreibung der Werkzeuge ist – in der Regel – folgendermaßen gegliedert:

- WAS leistet das Werkzeug?
- WOFÜR ist das Werkzeug nützlich?
- WIE wird das Werkzeug angewendet?

Die meisten Werkzeuge stehen als EXCEL-Dateien zur Verfügung und enthalten ein Tabellenblatt »Beschreibung und Anwendung« mit detaillierten Anwendungsbeschreibungen.

3.3 Arbeiten mit dem Leitfaden

Grundsätzliches
Der Leitfaden ist nicht als Buch konzipiert, das kapitelweise von vorne bis hinten durchzulesen ist. Er soll vielmehr bei konkreten Verbesserungsaktivitäten rechnergestützt und interaktiv Hilfestellung bieten.

Empfehlung zur Arbeit mit dem Leitfaden
Für den schnellen Einstieg ist die Lektüre der Kapitel 1 bis Abschnitt 3.3 sowie Kapitel 4 und 5 empfehlenswert. Danach kann die CD für konkrete Verbesserungsarbeit genutzt werden.

Nutzung der CD
Nach dem Einlegen der beigefügten CD erscheint ein Übersichtsmenü, Abb. 3-2, das wahlweise den Zugang zu den in Abschnitt 3.4 vorgestellten Modulen

Abb. 3-2: Übersichtsmenü zum Einstieg in die Arbeit mit der CD

oder einer Liste der auf der CD vorhandenen und in Abschnitt 3.5 vorgestellten Werkzeuge ermöglicht.

Die Wahl der Module führt zu den Moduldarstellungen der Abb. 3-5, Abb. 3-6, Abb. 3-7 und Abb. 3-9. Diese können am Bildschirm durchgearbeitet werden. Dabei gibt es folgende Unterstützung bzw. Eingabemöglichkeiten:

- Bei Berührung eines Arbeitsschrittes mit dem Mauszeiger werden Kurzinformationen zu dem jeweiligen Arbeitsschritt eingeblendet, Abb. 3-3.
- Bei Berührung eines Werkzeuges in den Moduldarstellungen mit dem Mauszeiger werden Kurzinformationen zu diesem Werkzeug eingeblendet, Abb. 3-4.
- Durch Doppelklick der linken Maustaste öffnet sich die Datei des Werkzeuges, auf dem sich der Mauszeiger befindet und spezifische Daten sowie Informationen können eingegeben werden. Je nach Werkzeug werden die Eingaben ggf. weiter ausgewertet und die Ergebnisse angezeigt. Die bearbeitete Werkzeugdatei kann anschließend auf der Festplatte

Abb. 3-3: Kurzinformationen zu den Modulen und Arbeitsschritten

gespeichert werden. Name und Speicherort sind frei wählbar. Das Speichern auf der CD ist nicht möglich.

- Aus dem jeweiligen Programm heraus oder über den »Explorer« lassen sich gespeicherte Dateien zur Dokumentation der Verbesserungsaktivitäten jederzeit drucken.

Aus der »Werkzeugliste« können gezielt Werkzeuge ausgewählt werden. Bei Berührung eines Werkzeugs aus der Liste mit dem Mauszeiger werden Kurzinformationen zu diesem Werkzeug eingeblendet. Durch Doppelklick der linken Maustaste öffnet sich die Datei des Werkzeuges auf dem sich der Mauszeiger befindet und ist in der oben beschriebenen Weise nutzbar.

3.4 Beschreibung der Module

Die folgenden Beschreibungen der Module sind in erster Linie als situative Unterstützung und Vertiefung bei der Arbeit mit der beiliegenden CD-ROM gedacht.

Abb. 3-4: Kurzinformation zu Werkzeugen

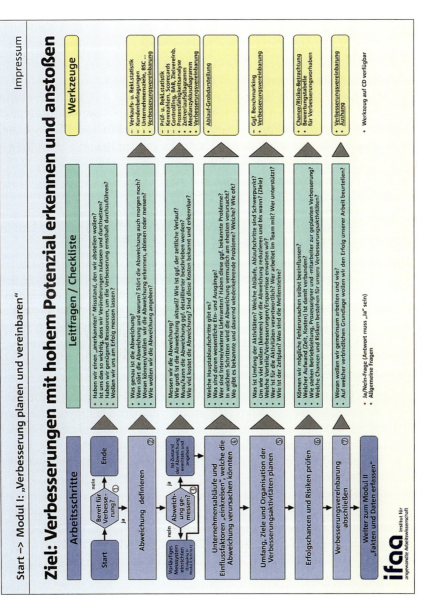

Abb. 3-5: Modul I: Verbesserung planen und vereinbaren

Hinweise und Empfehlungen zur Arbeit mit dem Leitfaden finden Sie in Abschnitt 3.3. Die in den Beschreibungen angesprochenen Werkzeuge sind ausführlich in Abschnitt 3.5 dargestellt.

3.4.1 Modul I: Verbesserung planen und vereinbaren

Dieses Modul umfasst eine erste Bestandsaufnahme relevanter Informationen sowie die gemeinsame Planung und Vereinbarung der Verbesserung. Alle Arbeitsschritte dieses Moduls sollten deshalb so früh wie möglich von einem Team aus Mitarbeitern der an der Verbesserung beteiligten Bereiche durchgeführt werden. Für die Planung, Umsetzung und Koordination gibt es einen Verantwortlichen. Dieser kann sowohl eine Führungskraft aus betroffenen Bereichen als auch ein beauftragter Mitarbeiter sein.

Wesentliches Ergebnis dieses Moduls ist eine schriftliche Vereinbarung mit Eckdaten und Festlegungen zur geplanten Verbesserung. Die Vereinbarung und die nötigen Vorarbeiten dazu erscheinen – gerade unter dem »Druck des Alltags« – manchmal überflüssig und unnötig formal. »Das brauchen wir doch nicht! In unserem Fall ist doch alles klar!« sind die typischen Argumente hierzu.

Die Ergebnisse des Moduls »Verbesserung planen und vereinbaren« sind jedoch die Grundlagen der weiteren Arbeit und der objektiven Beurteilung des Erfolges. Darüber hinaus helfen sie, Transparenz zu schaffen und die Aktivitäten schnell wirkungsvoller neu auszurichten, falls im ersten Anlauf kein Erfolg erzielt wird. Mit der Verbesserungsvereinbarung können deshalb meist mehr Zeit und Ressourcen gespart werden, als ihre Erstellung beansprucht.

3.4.1.1 Bereit für Verbesserung?

Grundsätzlich können Verbesserungsaktivitäten sowohl strategisch »von oben herab« z. B. im Rahmen der Konkretisierung von Unternehmensstrategien oder -zielen, im Rahmen der Erfüllung von Zielvereinbarungen oder interner Kunden-Lieferanten-Gespräche als auch sporadisch »von unten« initiiert werden, um beispielsweise besonders schwerwiegende Abweichungen, die alle Beteiligten stören, zu beseitigen.

Unabhängig vom Anlass sollte zu Beginn der Verbesserungsaktivitäten zwischen allen Akteuren Einigkeit darüber bestehen, dass ein »anerkannter« Missstand besteht, den sie beseitigen wollen, dass sie hierzu Veränderungen zulassen und durchsetzen sowie sich am Erfolg messen lassen wollen.

3.4.1.2 Abweichungen definieren

Eine Abweichung liegt vor, wenn Ergebnisse eines Ablaufes oder Ablaufschrittes kurzfristig oder langfristig nicht den Vorgaben entsprechen (beispielsweise Maße, Zeiten, Kosten nicht eingehalten werden). Grundtypen sind in Abschnitt 2.2. beschrieben.

Hinweise auf relevante Abweichungen können z. B. Verkaufs- und Reklamationsstatistiken, Kundenbefragungen oder Scorecards liefern. Die zu beseitigende Abweichung ist nicht immer sofort eindeutig erkennbar. Manchmal ist die auslösende Abweichung nur erster Indikator oder Folge einer anderen Abweichung. Beispielsweise können Verbesserungsaktivitäten durch die Abweichung »Produktivität an Maschine A zu gering« ausgelöst werden. In der Klärungsphase kann sich dann herausstellen, dass die eigentlich relevante Abweichung lautet: »Anteil technisch bedingter Stillstandszeiten an Maschine A zu hoch«.

Aktivitätsauslöser	Tatsächlich relevante Abweichung
Produktivität an Maschine A zu gering	Anteil technisch bedingter Stillstandszeiten an Maschine A zu hoch

Wichtig ist auch einzuschätzen, wie sich die Bedeutung der Abweichung künftig entwickeln wird. Bei Abweichungen, deren Bedeutung in Zukunft abnimmt, muss abgewogen werden, ob der Einsatz von Ressourcen hierfür lohnt oder diese an anderer Stelle sinnvoller genutzt werden können. Beispiele hierfür sind: Produkt läuft aus oder neue Fertigungsverfahren oder -abläufe werden in Kürze eingeführt. Die Bedeutung einer bestehenden Abweichung kann auch zunehmen. Beispiele hierfür sind: Zu viele Kundenreklamationen bei Produkten oder Dienstleistungen, deren Marktposition ausgebaut werden soll.

Die Abweichung muss konkret und eindeutig beschrieben sein. Dafür sind in der Regel ein Merkmal und Grenzwerte erforderlich, z. B.:

- Durchlaufzeit von Auftragseingang bis Fertigungsbeginn länger als 5 Tage,
- Produkt mit Länge kleiner 49 mm oder größer 51 mm,
- Rechnung mit fehlerhafter Adresse, Produktbezeichnung und/oder Preis,
- Dienstleistung mit mehr als 2 Tagen Verzug erbracht,
- Lagerbestand für Produkt X kleiner 50 Stück oder größer 150 Stück,
- Überschreitung der kalkulierten Materialkosten von 25 € bei Produkt Y usw.

Abweichungen müssen messbar sein, damit eine nachhaltige Verbesserungsarbeit mit einer objektiven Beurteilung der aktuellen Lage und der Wirksamkeit von Maßnahmen möglich ist. Zur Definition gehört deshalb ggf. auch, eine Festlegung wie oder woran die Abweichung gemessen wird, z. B.:

- Die Durchlaufzeit von Auftragseingang bis Fertigungsbeginn wird ermittelt als Differenz von »Drucktermin Fertigungsunterlagen« und »Auftragserfassungstermin PPS-System«.

- Die Produktlänge wird manuell mit einem Messschieber ermittelt.
- Rechnungen mit fehlerhafter Adresse sind diejenigen, die mit dem Vermerk »Empfänger unbekannt« zurückkommen.

Zur Definition der Abweichung gehört ebenfalls, in welcher Form die Abweichung angegeben werden soll, also beispielsweise:

- Anzahl oder Anteil unbrauchbarer Ergebnisse (z. B. 5 verspätete Lieferungen oder 7 % verspätete Lieferungen)
- durchschnittliche oder Einzelabweichung (z. B. durchschnittlicher Lieferverzug 12 Tage oder Lieferverzug je Einzellieferung).

Die Angaben hängen von der Art der erfassten Daten ab. Die prinzipiellen Möglichkeiten sind in Abschnitt 3.4.1.3 »Abweichung gemessen?« beschrieben.

Ergebnis dieses Arbeitsschrittes ist eine eindeutige Beschreibung der Abweichung. Diese kann in die auf der CD-ROM befindliche »Verbesserungsvereinbarung« eingetragen werden.

3.4.1.3 Abweichung gemessen?

In diesem Schritt untersucht das Team, ob die definierte Abweichung gemessen wurde, falls ja, wie der aktuelle Wert ist und ggf., wie sich die Werte bis zum heutigen Zeitpunkt entwickelt haben sowie welche Kosten und Nachteile die Abweichung verursacht. Eventuell. muss die Abweichung in der gewünschten Form erst noch aus den gemessenen Werten ermittelt werden.

Hierbei können interne Prüf- und Reklamationsstatistiken, Kennzahlen, Scorecards, Controllingunterlagen, Betriebsabrechnungsbögen, Zielvereinbarungen oder andere Aufzeichnungen etc. genutzt werden.

Je nach Verbesserungsidee kann es vorkommen, dass Daten zur Abweichung noch gar nicht vorliegen. Dann muss zunächst ein vorläufiges Messsystem eingerichtet werden, mit dem Prozessergebnisse festgehalten und Abweichungen ermittelt werden. Es empfiehlt sich abzuwarten, bis erste zuverlässige Angaben zum Ist-Zustand vorliegen. Zwischen »gefühlten« und gemessenen Zuständen können große Unterschiede liegen, die Verbesserungsaktionen überflüssig machen oder eine neue Ausrichtung erfordern können. Das endgültige Messsystem wird spätestens in Modul II Schritt 4 eingerichtet.

Grundsätzlich werden Abweichungen für relevante Einheiten – z. B. Kundenaufträge, Fertigungsaufträge, Bauteil 4711, Rechnung oder Lieferungen etc. – über einen aussagefähigen Zeitraum, wie Tag, Woche, Monat o. Ä. – ermittelt und angegeben. Entscheidend für die Angabe der Abweichungen ist, ob die verfügbaren Daten qualitativ (attributiv) oder quantitativ sind.

Beispiele für qualitative (attributive) Daten sind:

- Ja / Nein
- in Ordnung / nicht in Ordnung
- Maschine 1 / Maschine 2 / Maschine 3
- Kategorie A / Kategorie B / Kategorie C / Kategorie D

Beispiele für quantitative Daten sind:

- Anzahl falscher Rechnungsbeträge (ganze Zahlen)
- Anzahl Rücksendungen (ganze Zahlen)
- Maß in mm (kontinuierlich dezimal unterteilbar, z. B. 4,371 mm)
- Zeit in s (kontinuierlich dezimal unterteilbar)
- Druck in bar (kontinuierlich dezimal unterteilbar)

Für qualitative Daten werden Abweichungen meist angegeben als

- ◆ Anzahl nicht vorgabegemäßer Ergebnisse (z. B. nicht in Ordnung) oder
- ◆ Anteil nicht vorgabegemäßer Ergebnisse an den Gesamtergebnissen.

Um eine breite Vergleichbarkeit zu sichern, ist die Angabe des Abweichungsanteils in Prozent, Promille oder Part per Million ppm (Teile/Fälle pro Million) in der Regel geeigneter als die Anzahl der Abweichungen.

Beispiel für qualitative Daten:

Ein Call Center erfasst automatisch die Anzahl eingehender Anrufe. Als maximale Wartezeit sind 3 Minuten vorgegeben. Anrufe mit einer längeren Wartezeit werden automatisch registriert. Am Tagesende sind 12 von insgesamt 375 Anrufen mit Überschreitung der Wartezeit registriert. Der Anteil nicht vereinbarungsgemäßer Ergebnisse beträgt:

$$12 / 375 \times 100 = 3{,}2\,\% = 32\,\text{‰} = 32.000 \text{ ppm}$$

Aus diesen Ergebnissen ist allerdings nicht rekonstruierbar, wie weit vom Zielwert abgewichen wurde.

Für quantitative Daten können Abweichungen ebenso wie für qualitative Daten angegeben werden. Zusätzlich sind jedoch auch Angaben zur Höhe der Abweichungen möglich.

Beispiel für quantitative Daten:

Ein Call Center erfasst automatisch die Anzahl und die Dauer aller eingehenden Anrufe. Als maximale Wartezeit sind 3 Minuten vorgegeben. Am Tagesende ergibt die Auswertung, dass bei 12 von insgesamt 375 Anrufen die vorgegebene

Wartezeit überschritten wurde. Zusätzlich zum vorangegangenen Beispiel mit qualitativen Daten kann jetzt noch angegeben werden, wie weit die Wartezeit im Einzelfall und im Durchschnitt überschritten wurde, z. B:

- 12 Wartezeitüberschreitungen von 0,25 bis 6,5 Minuten
- Durchschnittliche Wartezeitüberschreitung 2,4 Minuten

Aus quantitativen Daten können mehr Informationen gewonnen werden als aus qualitativen. Dafür ist die Erfassung quantitativer Daten häufig aufwändiger. In welcher Form die Abweichung erfasst und angegeben werden sollte muss deshalb von Fall zu Fall entschieden werden.

Eine weitere Möglichkeit, Angaben zu Abweichungen zu machen, bietet die Prozessfähigkeitsanalyse, die nur mit quantitativen Daten möglich ist. Auf der CD-ROM steht unter »Prozessfähigkeitsanalyse« die Freeware »Process Capability Calculator« der Firma Symphony Technologies (www.symphonytech.com) zur Verfügung. Für eine Analyse müssen mindestens 25 Messwerte und der Toleranzbereich eingegeben werden. Dann erfolgt eine automatische Auswertung, die den Anteil nicht vereinbarungsgemäßer Ergebnisse der Stichprobe angibt und darüber hinaus hochrechnet, wie groß dieser Anteil bei langfristigem Betrieb des Ablaufs unter den gegebenen Bedingungen voraussichtlich sein wird. Außerdem wird die Prozessfähigkeit ermittelt, welche den zulässigen Toleranzbereich und die Streuung des Prozesses miteinander vergleicht.

Wenn bereits mehrere Daten zur Abweichung aus der Vergangenheit bekannt sind, kann auch ein »Zeitverlaufsdiagramm« erstellt werden, das Auskunft über den zeitlichen Verlauf der Abweichung gibt und in dem eventuell Trends erkennbar sind. Falls 20 oder mehr Werte vorliegen, kann das Zeitverlaufsdiagramm durch Einzeichnen des Medians (mittlerer Wert, nicht Mittelwert der Abweichung) in ein »Medianzyklusdiagramm« (MZD) umgewandelt werden. Das MZD erlaubt Rückschlüsse, ob Schwankungen der Abweichung zufallsbedingt oder auf außergewöhnliche Ereignisse (Störgrößen) zurückzuführen sind.

Spätestens im Rahmen dieses Arbeitsschrittes sollte auch untersucht werden, ob es sinnvoll ist, die Beschreibung der Abweichung weiter zu detaillieren. Beispielsweise können Abweichungen vom Sollmaß oder der geplanten Bearbeitungsdauer als Sammel- oder Durchschnittswert über alle Produkte oder Produktfamilien angegeben werden. Es kann jedoch auch eine Untergliederung nach Produkten vorgenommen und/oder nur ausgewählte Produkte – z.B. solche mit auffällig hohen Abweichungen oder Abweichungen größer als x % – berücksichtigt werden.

Beispiel:
Für eine Baureihe mit den Produkten A, B, C, D, E, F, G und H beträgt der Anteil verspäteter Lieferungen an den Kunden 3 %. Für die Produkte F und H im einzelnen jedoch 8 % und 12 %. Ggf. reicht künftig eine Messung nur dieser beiden Produkte aus.

Abschluss dieses Arbeitsschrittes ist die Bestimmung der Kosten und sonstiger Nachteile, welche die Abweichungen im Unternehmen verursachen. Informationen darüber sollten im Verbesserungsteam bekannt sein.

Ergebnisse dieses Arbeitsschrittes sind aktuelle Abweichungswerte, eventuell deren Verlauf, die dadurch verursachten Kosten und sonstigen Nachteile, die in die Verbesserungsvereinbarung eingetragen werden.

3.4.1.4 Unternehmensabläufe und Einfußfaktoren »einkreisen«, welche die Abweichung verursachen könnten

Im Laufe der Verbesserungsaktivitäten werden die Abläufe oder Ablaufschritte dargestellt, die mit der Abweichung in Verbindung stehen. Entscheidend ist, dass dieses Bild beschreibt, wie tatsächlich gearbeitet wird und nicht wie vermeintlich gearbeitet wird.

Den Ursprung bildet eine übergeordnete grobe Ablaufbeschreibung, die in diesem Schritt erstellt und anschließend bei Bedarf weiter entwickelt und verfeinert werden kann. Hierdurch ist sichergestellt, dass alle Beteiligten eine einheitliche Vorstellung vom Gesamtablauf bekommen und keine wichtigen Ablaufschritte übersehen werden. Auch wichtige Lieferanten und Eingangsgrößen, Kunden und Ausgangsgrößen, sowie bekannte, dauernd oder häufig wiederkehrende Schwierigkeiten bei den einzelnen Schritten werden festgehalten.

Je nach Abweichung und dem Stand der Vorarbeiten kann der Detaillierungsgrad dieser Darstellung unterschiedlich sein.

Diese Art der Darstellung wird auch »SIPOC« genannt. SIPOC steht dabei für »Supplier, Input, Process, Output, Customer« (Lieferant, Eingang, Prozess, Ausgang, Kunde). Eine Vorlage hierzu ist als Werkzeug »Ablauf-Grobdarstellung« auf der CD-ROM hinterlegt. Die damit erstellte Beschreibung kann später der Verbesserungsvereinbarung als Anlage hinzugefügt werden.

Ergebnis dieses Schrittes ist die Ablauf-Grobdarstellung mit Ein- und Ausgängen, deren Kunden und Lieferanten und ggf. bekannten Problemen der einzelnen Ablaufschritte. Darin bestimmt das Team diejenigen Schritte, in denen aus aktueller Sicht der Teammitglieder die Abweichungen vermutlich verursacht werden und die deshalb Schwerpunkte der weiteren Arbeit bilden sollten.

3.4.1.5 Umfang, Ziele und Organisation der Verbesserungsaktivitäten planen

In diesem Arbeitsschritt wird die Planung konkretisiert. Aufbauend auf den Ergebnissen des vorigen Schrittes wird festgelegt, welche Ablaufschritte zunächst Schwerpunkte der Verbesserungsaktivitäten bilden. Außerdem wird ein erstes Verbesserungsziel vereinbart. Dieses Ziel sollte sowohl anspruchsvoll als auch erreichbar sein, um einen möglichst großen Nutzen für das Unternehmen zu erreichen und die Motivation für die Verbesserungsarbeit aufrecht zu erhalten. Zweckmäßig ist, sich dabei an den Werten anderer vergleichbarer interner oder externer Bereiche zu orientieren (Benchmarking).

Die bei Zielerreichung möglichen Kostensenkungen und weiterer Verbesserungen für Prozessbeteiligte und Kunden der Verbesserungsaktivitäten werden beschrieben. Weiterhin werden Prozesseigner, Bearbeiter, und Mitglieder des Verbesserungsteams festgehalten. Für die Bearbeitung der vier Module werden Termine bestimmt, wobei Überlappungen zulässig sein können. Grundsätzlich ist ein Gesamtzeitrahmen von 4 bis 6 Monaten anzustreben.

Ergebnisse dieses Arbeitsschrittes sind Abstimmungen und Festlegungen zu inhaltlichen Schwerpunkten (Abläufe oder Ablaufschritte), zum Bearbeiter/ Koordinator, zu den Mitgliedern des Verbesserungsteams, dem Ziel sowie den erwarteten Ersparnissen und weiteren Vorteilen. Die Ergebnisse werden in der »Verbesserungsvereinbarung« festgehalten.

3.4.1.6 Erfolgschancen und Risiken prüfen

Zweck dieses Schrittes ist es, die bisherigen Festlegungen noch einmal zu prüfen. Auch wenn dies unnötig erscheint, muss bedacht werden, dass unvollständige oder fehlerhafte Planungen zu einer Verschwendung wertvoller Ressourcen führen, während die Abweichungen, die Unternehmen und Mitarbeiter belasten, weiterhin bestehen bleiben.

Es wird reflektiert, wer in welcher Weise von den Verbesserungsaktivitäten betroffen ist, welche Einstellung zu den Aktivitäten deshalb bei diesen Personen zu erwarten ist und wie damit umgegangen werden soll.

Wichtig ist auch, zu hinterfragen, ob die vermuteten Abweichungsursachen im Einflussbereich des Verbesserungsteams und des Prozesseigners liegen. Ist dies nicht der Fall, kann die Verbesserung nicht aktiv vorangetrieben werden und endet vielleicht nur mit einem »Fingerzeig« auf Andere, die »etwas tun müssten«.

Als Werkzeuge stehen für diesen Arbeitsschritt auf der CD-ROM das hierauf abgestimmte Fragenblatt »Chance/Risiko-Betrachtung«, sowie die »Bewertungstabelle für Verbesserungsvorhaben« zur Verfügung. Letztere ist eine Entscheidungshilfe, falls mehr Ideen für Verbesserungsvorhaben bestehen, als verfolgt werden können.

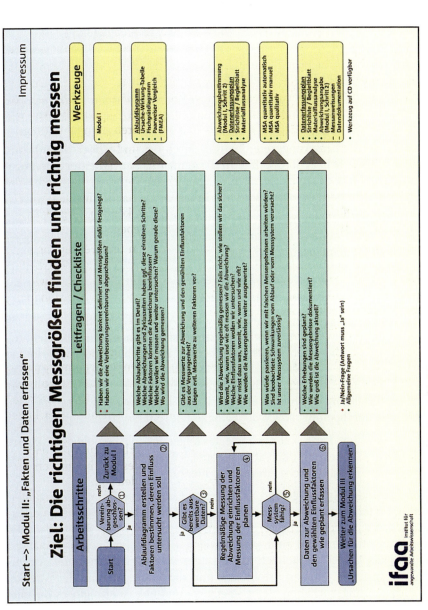

Abb. 3-6: Modul II: Fakten und Daten erfassen

Ergebnisse dieses Arbeitsschrittes sind eine Übersicht der benötigten Akteure und ihrer vermutlichen Einstellung zur geplanten Verbesserung, der Chancen und Risiken und eine erste Prüfung der Umsetzbarkeit. Diese Informationen werden der »Verbesserungsvereinbarung« als Anlagen hinzugefügt.

3.4.1.7 Verbesserungsvereinbarung abschließen

Die einzelnen Punkte der Verbesserungsvereinbarung wurden in den vorigen Arbeitsschritten dieses Moduls bereits konkretisiert und ausgefüllt. Den Abschluss des Moduls »Verbesserung planen und vereinbaren« bildet die Unterzeichnung der Verbesserungsvereinbarung durch Bearbeiter/Koordinator und Ablaufverantwortliche. Hierdurch wird die gemeinsame erarbeitete und abgestimmte Grundlage dokumentiert. Die Mitglieder des Verbesserungsteams und die übrigen Mitarbeiter werden über den Inhalt der Vereinbarung informiert.

Der Abschluss der Vereinbarung durch Unterschrift ist empfehlenswert. Sollte darauf verzichtet werden, müssen die einzelnen Punkte der Vereinbarung jedoch unbedingt gemeinsam erarbeitet werden.

3.4.2 Modul II: Fakten und Daten erfassen

Dieses Modul umfasst eine Detaillierung der Ablaufbeschreibung sowie die Sammlung und Gewichtung möglicher Einflussfaktoren auf die Abweichung. Insbesondere für diese Schritte ist eine breite Einbeziehung und Mitwirkung der Mitglieder des Verbesserungsteams sehr sinnvoll. Die Wirkung der aus Sicht des Teams wichtigsten Einflussfaktoren wird im folgenden Modul untersucht. Die Erfassung der hierzu erforderlichen Daten wird in diesem Modul geplant und durchgeführt sowie die Fähigkeit des Messsystems geprüft.

Auch dieses Modul kann – ähnlich wie das folgende – die Geduld der Akteure überfordern. »Wissen wir doch alles schon!«, »Wir müssen jetzt schnell etwas unternehmen!« sind typische Argumente hierzu.

Allerdings sind vollständige und zuverlässige Fakten und Daten die Grundlage dafür, im folgenden Modul die wichtigsten Abweichungsursachen eindeutig zu erkennen. Viele Verbesserungsbestrebungen scheitern daran, dass die Akteure davon überzeugt sind, die Abweichungsursachen bereits genau zu kennen. Falls jedoch tatsächlich andere oder weitere Ursachen die Abweichung verursachen, bleiben Erfolge aus und die Motivation auf der Strecke. Das Verbesserungsvorhaben bleibt »stecken« und übt als erfolgloses Beispiel eine blockierende Wirkung aus.

Ergebnis dieses Moduls sind zuverlässige Fakten und Daten zur Abweichung und deren mutmaßlichen Ursachen.

3.4.2.1 Verbesserungsvereinbarung abgeschlossen?

Der erste Arbeitsschritt dieses Moduls dient der Kontrolle, ob die fortschritts-relevanten Ergebnisse des vorigen Schrittes vorliegen. Die Abweichung muss definiert, eine Messgröße dafür festgelegt und die Verbesserungsvereinbarung erstellt und abgeschlossen sein.

3.4.2.2 Ablaufdiagramm erstellen und Faktoren bestimmen, deren Einfluss untersucht werden soll

Dieser Arbeitsschritt dient dazu, die erstellten Ablauf-Grobdarstellungen – und hierin insbesondere die vom Team als erste Arbeitsschwerpunkte be-stimmten Ablaufschritte – bei Bedarf zu detaillieren. Dabei werden diejenigen Faktoren bestimmt, die aus Sicht des Teams starken Einfluss auf das Entstehen der Abweichung haben.

Der Detaillierungsgrad kann dabei bis auf die Arbeitsplatzebene reichen. Bei der Detaillierung kommt es darauf an, nicht flächendeckend, sondern nur an den Stellen, die für die Entstehung der Abweichung von Bedeutung sein könnten, in die Tiefe zu gehen. Eine umfangreiche Detaillierung ist nicht immer zwingend erforderlich, siehe Beispiel in Abb. 5-4 und 5-6.

Die detaillierten Ablaufschritte werden im Diagramm als Rechtecke darge-stellt und mit einem Haupt- und Tätigkeitswort beschrieben, z. B. »Jahrespla-nung durchführen« oder »Bohrungsdurchmesser kontrollieren«. Dabei sind die Ablaufschritte eindeutig bestimmten Verantwortlichen oder Verantwor-tungsbereichen zugeordnet, siehe Beispiel in Abschnitt 3.5. Andere wesent-liche Elemente von Ablaufdiagrammen, die im Rahmen des Leitfadens ge-nutzt werden, sind Start- und Stopppunkt, Sprünge und Ja/Nein-Verzwei-gungen. Weitere Symbole sind in der DIN 66001, Sinnbilder für Datenfluss-pläne, festgelegt.

Als Werkzeug steht hierfür auf der CD-ROM das »Ablaufdiagramm« zur Ver-fügung, das Kopiervorlagen der Ablaufelemente enthält. Diese Vorlage dient in erster Linie der abschließenden Dokumentation von Ablaufdetails, nicht deren gemeinsamer Erarbeitung. Zur gemeinsamen Entwicklung im Team reichen Klebezettel, Packpapier, Filzstift, eine Wand und ein Fotoapparat. Damit kön-nen Ablaufdiagramme schnell und flexibel im Team erarbeitet werden. Die Teilnehmer machen dabei oft die Erfahrung, dass in der Runde unterschied-liche Vorstellungen vom Ablauf bestehen und diese außerdem häufig nicht dem tatsächlichen Ablauf entsprechen. Gegebenenfalls ist auch ein Digitalfoto der Teamergebnisse als Dokumentation ausreichend.

Über das detaillierte Ablaufdiagramm hinaus können für wichtige Ablauf-schritte weitere Informationen zusammengestellt werden:

- Eingangs- und Einflussgrößen (kontrollierbare und Störgrößen)
- Ausgangsgrößen und deren Sollwerte
- Anteil der Ergebnisse die den Sollwerten entsprechen (Wirkungsgrad oder Erfolgsquote des Schrittes)
- Anteil unbrauchbarer oder nachzuarbeitender Ergebnisse intern (im Unternehmen) oder extern (beim Kunden) entdeckt
- durchschnittliche Zykluszeit je Schritt

Diese Daten sind in der Regel nicht vollständig verfügbar oder ermittelbar. Es ist auf jeden Fall lohnend, die hierzu vorliegenden Informationen im Team zusammenzustellen. Auf diese Weise erhält das Team einen Eindruck von der Transparenz des Ablaufs. Vor allem Wirkungsgrade und durchschnittliche Zykluszeiten liefern Hinweise auf Schritte, in denen Verschwendung auftritt und die zur Entstehung von Abweichungen beitragen. Wieviel Zeit und Aufwand investiert werden sollte, um fehlende Informationen zu ergänzen, muss von Fall zu Fall abgewogen werden.

Die oben genannten Informationen werden nicht in das Ablaufdiagramm eingetragen, sondern können – je Ablaufschritt – in einer dem Ablaufdiagramm zugeordneten Tabelle dokumentiert werden. Es sollten außerdem die eindeutig wertschöpfenden Ablaufschritte im Diagramm gekennzeichnet werden (siehe hierzu auch Tabellenblatt »Anwendung und Beschreibung« des Werkzeuges »Ablaufdiagramm«).

Als Ergebnis dieses Arbeitsschrittes liegt ein detailliertes Ablaufdiagramm und in der Regel eine Vielzahl möglicher Einflussgrößen vor, deren tatsächlicher Einfluss jedoch noch zu prüfen ist. Das kann erheblichen Aufwand verursachen. Um diesen möglichst zu begrenzen, werden zunächst nur die aus Sicht des Teams wahrscheinlichsten Einflussgrößen untersucht. Dazu sortiert das Team die Einflussgrößen nach vermuteter Wichtigkeit. Ziel dieser Vorauswahl ist nicht, die Einflussgrößen bereits endgültig festzulegen, sondern lediglich abzustimmen, welche zuerst gemessen und untersucht werden sollen.

Als Werkzeug für die Gewichtung der Einflussgrößen steht auf der CD-ROM die »Ursache-Wirkungs-Tabelle« zur Verfügung. Alternativ können die Einflussfaktoren auch im Rahmen eines Brainstormings vom Team gesammelt und in einem »Ishikawa-« oder »Fischgrät-Diagramm« nach den Bereichen Mensch, Maschine, Umwelt, Methode, Material strukturiert werden. Zur Gewichtung eignen sich auch einfache Maßnahmen, wie Abstimmung oder die Vergabe von Klebepunkten, durch die Teammitglieder.

Bei Unstimmigkeiten in der Gewichtung möglicher Abweichungsursachen kann auch der ebenfalls verfügbare »Paarweise Vergleich« genutzt werden.

Als Sofortmaßnahme kann für die Ablaufschritte, in denen aus Sicht des Teams wichtige Einflussfaktoren auftreten, auch eine Prozess FMEA (Fehlermöglichkeits- und Einfluss-Analyse) durchgeführt werden. Dabei untersucht das Team, was in diesen Ablaufschritten »schief« gehen könnte, wie wahrscheinlich das ist, welche Konsequenzen das für interne und externe Kunden hätte und welche Gegenmaßnahmen ergriffen werden könnten. Aufgrund der hohen Komplexität gehört die FMEA nicht zum Umfang dieses Leitfadens.

3.4.2.3 Gibt es bereits auswertbare Daten?

Bevor neue Messwerte aufwändig erhoben werden, lohnt die Prüfung, ob Messwerte aus der Vergangenheit verfügbar sind. Neben Werten für die Abweichung müssen auch Werte für die zu untersuchenden Einflussfaktoren gleichzeitig erfasst worden sein, damit die folgenden Arbeitsschritte durchführbar sind. Außerdem müssen diese Daten in einem auch für die aktuellen Zustände repräsentativen Zeitraum gemessen worden sein.

Meist sind alte Messwerte nur zu den Abweichungen verfügbar, nicht jedoch zu den Einflussgrößen, deren Wirkung das Team untersuchen möchte. Dann sind neue Messungen erforderlich.

3.4.2.4 Regelmäßige Messung der Abweichung einrichten und Messung der Einflussfaktoren planen

Falls noch nicht vorhanden, wird spätestens in diesem Arbeitsschritt ein dauerhaftes Messsystem eingerichtet, das kontinuierlich – nicht nur auf Anforderung – die Abweichung misst und dokumentiert.

In den vorhergehenden Arbeitsschritten hat das Team festgelegt, welche Einflussfaktoren weiter untersucht werden. In diesem Schritt wird geplant, was dafür unter welchen Bedingungen, womit, wie oft und warum gemessen werden soll. Dazu muss klar sein, welche Schlüsse später aus den Messwerten gezogen werden sollen.

> **Beispiele:**
>
> - Ein Unternehmen hat deutschlandweit acht Bürostandorte. Es soll geklärt werden, ob der Faktor Standort einen Einfluss auf die Bearbeitungsdauer von Angebotsunterlagen und die Auftragshäufigkeit hat und ggf. welchen.
>
> - Ein Unternehmen produziert ein Frästeil auf vier unterschiedlichen Fertigungsmaschinen in drei Schichten mit drei unterschiedlichen Werkzeugen. Zu klären ist, ob Maschine, Schicht und/oder Werkzeug Einfluss auf die Oberflächengüte haben und ggf. welchen.

Daraus wird abgeleitet, welche Ergebnisse und Einflussfaktoren wie oft zusammen gemessen werden müssen. Für die oben genannten Beispiele kann das wie folgt aussehen:

- An jedem Bürostandort werden für die drei Kernprodukte des Unternehmens Bearbeitungsdauer und Auftragshäufigkeit von jeweils 25 Angeboten ermittelt.
- Je Maschine, Schicht und Werkzeug wird die Oberflächengüte von insgesamt jeweils 50 Frästeilen gemessen. Insgesamt müssen dazu 4 (Maschinen) x 3 (Schichten) x 3 (Werkzeuge) x 50 (Werkstücke/Maschine/Schicht/Werkzeug) = 1.800 Werkstücke untersucht und die jeweilige Kombination der Einflussfaktoren festgehalten werden.

Als Werkzeug für eine systematische Planung der Datenerfassung steht auf der CD-ROM der »Datenerfassungsplan« zur Verfügung.

Das Spektrum möglicher Messmittel, die eingesetzt werden können, ist sehr weit und nicht Gegenstand dieses Leitfadens. Es umfasst zum Beispiel:

- einfachste Messmittel für Maße (Bandmaß, Zollstock, Lineal, ...)
- vollautomatische Messsysteme für Maße, Oberflächengüten und sonstige Eigenschaften
- Fragebogen zur Erfassung der Kundenzufriedenheit
- EDV-gestützte Auswertungen von PPS-Systemen zur Bestimmung von Bearbeitungs- und Durchlaufzeiten
- EDV-gestützte Auswertungen von Kostenrechnungssystemen zur Bestimmung der Höhe bestimmter Kosten
- Strichlisten zur Ermittlung der Häufigkeit bestimmter Ereignisse
- Begleitblätter, die Werkstücke oder Unterlagen im Durchlauf begleiten und in die beispielsweise Ursachen für Verzögerungen und deren Dauer eingetragen werden

Insbesondere die technisch aufwändigen Messmittel können hier nicht behandelt werden. Als praktische Messmittel, die – auch in administrativen Abläufen – mit schnell und mit wenig Aufwand bislang unbekannte Einblicke und Informationen bieten können, sind an dieser Stelle noch einmal »Strichlisten« und »Begleitblätter« hervorzuheben.

Mit Strichlisten kann an bestimmten Orten oder in bestimmten Bereichen die Häufigkeit bestimmter Ereignisse, wie Störungen, Verzögerungen, Rückfragen, Stillstände etc., und ggf. deren Dauer erfasst werden. Begleitblätter können beispielsweise Werkstücken, Fertigungslosen oder Unterlagen im Durchlauf beigefügt werden. Mit ihrer Hilfe können im Verlauf der Bearbeitung auftretende Probleme oder ungeplante Ereignisse, wie Störungen, Verzögerungen, Rückfragen, Reparaturen, Sonderarbeiten etc., und ggf. deren Dauer festgehalten werden. Nach dem Ende des geplanten Erfassungszeitraumes müssen die Einzeldaten aller Begleitblätter zusammengefasst werden. Dadurch können Aussagen über den Gesamtablauf getroffen werden.

Strichlisten und Begleitblätter müssen fallspezifisch gestaltet werden und unter anderem die bisher vom Team vermuteten Haupteinflussfaktoren sowie die gewählten Auswertungszeiträume berücksichtigen. Die auf der CD-ROM zur Verfügung gestellten Vorlagen »Strichliste« und »Begleitblatt« müssen entsprechend angepasst werden.

Als »Messmittel«, das speziell zur Erfassung der Zeiten und Wege in Produktionsprozessen geeignet ist, wird auf der CD-ROM auch eine »Materialflussanalyse« (angelehnt an die REFA-Materialflussanalyse) zur Verfügung gestellt, die zu erfassen hilft, welche nicht wertschöpfenden/wertschöpfenden Arbeitsschritte auftreten sowie welche Zeiten und Wege dabei anfallen. Diese Erfassungen liefern unter anderem Hinweise auf Arbeitsschritte mit besonders hohem Verbesserungspotenzial.

Ergebnisse dieses Arbeitsschrittes sind ein dauerhaft eingerichtetes Messsystem zur zuverlässigen Erfassung der Abweichung und ein Plan zur Erfassung der Daten, die für die Untersuchung der vom Team favorisierten Einflussfaktoren erforderlich sind.

3.4.2.5 Messsystem fähig?

In diesem Schritt wird untersucht, ob das Messsystem zuverlässige Daten liefert. Üblicherweise gehen wir davon aus, dass gemessene Werte genau der Realität entsprechen. Das gilt vor allem für automatisierte Systeme. Tatsächlich enthalten gemessene Werte immer auch durch das Messsystem verursachte Fehler, deren Größenordnung bekannt sein sollte.

Der Begriff Messsystem ist sehr vielseitig und soll deshalb an dieser Stelle konkretisiert werden. Ein Messsystem kann sein

- ein oder mehrere Mitarbeiter, die mit einem Messmittel quantitative Daten ermitteln (z. B. Zeiten, Maße, Massen, Temperaturen, Konzentrationen, ...),

- ein oder mehrere Mitarbeiter, die mit einem Messmittel z. B. Lehre qualitative Daten ermitteln (z. B. gut oder schlecht usw.),

- ein oder mehrere Mitarbeiter, die Abweichungen bestimmte Ursachen – z. B. über einen Ursachenschlüssel – zuordnen (z. B. Maschinenstillstand wegen technischer Ursachen, Personalmangel, usw.),

- Messeinrichtungen, die kontinuierliche oder diskrete Werte automatisch ermitteln,

■ Auswertungsprogramme, die beispielsweise Daten eines PPS-Systems auswerten, um die durchschnittliche Bearbeitungsdauer einer Auftragsposition in einer Abteilung je Zeitraum o. Ä. zu bestimmen.

Es ist leicht vorstellbar, auf welch vielseitige Art und Weise Fehler in diesen Messsystemen entstehen können, welche die Brauchbarkeit der Ergebnisse in Frage stellen.

Fehler oder vom Messsystem verursachte Variation äußern sich z.B. darin, dass Messwerte vom gleichen oder von anderen Prüfern oder von automatisierten Einrichtungen unter gleichen Randbedingungen nicht reproduziert werden können. Ebenso können Messwerte systematisch von tatsächlichen Werten abweichen.

Am Beispiel des instrumentengestützten Landeanfluges im Flugverkehr bei schlechten Sichtbedingungen wird deutlich, wie wichtig zuverlässige Messwerte sind. Die Konsequenzen einer falsch gemessenen Flughöhe wären fatal. Bei Verbesserungsaktivitäten führen falsche Messwerte zwar in der Regel nicht zu lebensbedrohlichen Konsequenzen, aber unerkannte fehlerhafte Messwerte können dazu führen, dass falsche Abweichungsursachen ermittelt sowie daraus folgend, falsche Maßnahmen geplant und umgesetzt werden. Ohnehin knappe Ressourcen werden dann für die Umsetzung nutzloser oder vielleicht sogar schädlicher Maßnahmen verschwendet.

Als Werkzeuge zur Beurteilung der Fähigkeit von Messsystemen stehen auf der CD-ROM verschiedene EXCEL-Dateien zur Verfügung. Diese Dateien helfen bei einer ersten Beurteilung von Messsystemen, ohne dass statistisches Hintergrundwissen erforderlich ist. Gemessene Daten werden dazu in Excel-Tabellen eingegeben und hieraus Angaben zur Güte des Systems automatisch ermittelt und angegeben.

Diese Werkzeuge sollen unterstützen, erste Eindrücke zur Tauglichkeit eines Messsystems zu erhalten, auch wenn keine geschulten Spezialisten oder umfangreiches Hintergrundwissen zur Verfügung stehen. Sie sind kein Ersatz für professionelle Werkzeuge und Expertenwissen.

Im Einzelnen stehen auf der CD-ROM Messsystemanalysen (MSA) für kontinuierliche Daten, die manuell oder automatisch ermittelt werden können sowie eine Messsystemanalyse für attributive Daten zur Verfügung: »MSA quantitativ automatisch«, »MSA quantitativ manuell« und »MSA qualitativ«.

Auch Einträge in Strichlisten und Begleitblättern oder Auswertungsprogramme sollten auf ihre Zuverlässigkeit überprüft werden. Wenn Mitarbeiter ein unterschiedliches Verständnis bei der Ursachenzuordnung von Fehlern haben, sind die Ergebnisse von Fehlersammellisten nutzlos und ggf. irreführend. Die Zuverlässigkeit kann in solchen Fällen durch Nachvollziehen von etwa 30 stichprobenartig ausgewählten Fällen oder durch die »MSA qualitativ« überprüft werden.

Ergebnis dieses Schrittes ist die Bestätigung, dass das Messsystem zuverlässige Daten liefert.

3.4.2.6 Daten zur Abweichung und den gewählten Einflussfaktoren wie geplant erfassen

Nach der Planung der Datenerhebung und der Prüfung des Messsystems in den vorigen Schritten werden in diesem Schritt die Daten mit den vorbereiteten Messmitteln planmäßig erhoben.

Hierbei müssen unter Umständen viele Akteure, die bei der Planung nicht beteiligt waren, einbezogen werden, wie z.B. Mitarbeiter, die im Dreischichtbetrieb rund um die Uhr Anlagenparameter ablesen und dokumentieren sollen. Um abzusichern, dass im Sinne der Planung gemessen wird, müssen ggf. Messanweisungen und Dateien oder Erfassungsblätter für eine zuverlässige und nachvollziehbare Datendokumentation bereitgestellt und Einweisungen durchgeführt werden. Für diese gibt es aufgrund der möglichen Vielfalt keine sinnvollen Vorgaben auf der CD. Sie müssen fallspezifisch erstellt werden.

Ergebnisse dieses Arbeitsschrittes sind zuverlässige und planmäßig erfasste Daten.

In diesem Schritt kann unter Nutzung der inzwischen erhobenen aktuellen und zuverlässigen Daten die aktuelle Abweichung ermittelt und angegeben werden, falls dies noch nicht erfolgt ist. Die Abweichung sollte so bestimmt und angegeben werden, wie dies in Modul I festgelegt wurde. Dabei können beispielsweise Anzahl oder Anteil der Abweichungen, der durchschnittliche Wert der Abweichung oder die Prozessfähigkeit (Fähigkeit des Prozesses Vorgaben und Anforderungen zu erfüllen) bestimmt und angegeben werden, siehe Abschnitt 3.4.1.2. und 3.4.1.3.

3.4.3 Modul III: Ursachen für die Abweichungen erkennen

Dieses Modul umfasst Untersuchungen der Abweichung und ihrer Schwankungen, die Darstellung des Zusammenhanges zwischen Abweichungen und Einflussfaktoren und ggf. statistische Nachweise darüber, welche Faktoren einen besonders starken Einfluss haben.

Genau wie das vorherige Modul scheint auch dieses in der Betriebspraxis oft überflüssig und unnötig. Es sollte jedoch sorgfältig durchgeführt werden, weil Fehleinschätzungen der relevanten Ursachen zur Planung wirkungsloser oder vielleicht sogar schädlicher Maßnahmen und somit zur Verschwendung von Ressourcen und zum Verlust von Vertrauen und Motivation führen können.

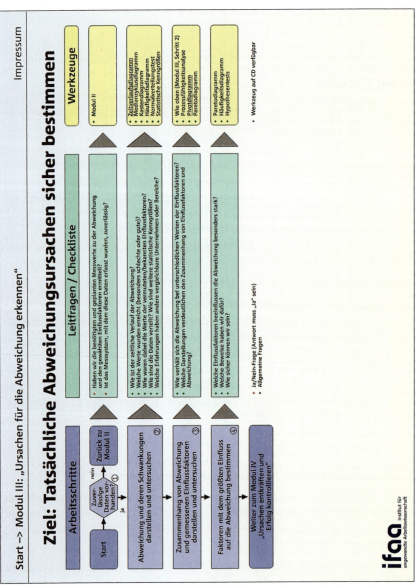

Start –> Modul III: „Ursachen für die Abweichung erkennen"

Impressum

Ziel: Tatsächliche Abweichungsursachen sicher bestimmen

Arbeitsschritte	Leitfragen / Checkliste	Werkzeuge
Start		
Zuverlässige Daten vorhanden? ① (ja / nein) → Zurück zu Modul II	• Haben wir die benötigten und geplanten Messwerte zu der Abweichung und den gewählten Einflussfaktoren ermittelt? • Ist das Messsystem, mit dem diese Daten erfasst wurden, zuverlässig?	• Modul II
Abweichung und deren Schwankungen darstellen und untersuchen ②	• Wie ist der zeitliche Verlauf der Abweichung? • Welche Werte wurden erreicht (besonders schlechte oder gute)? • Wie waren dabei die Werte der vermuteten/bekannten Einflussfaktoren? • Wie sind die Daten verteilt? Wie sind weitere statistische Kenngrößen? • Welche Erfahrungen haben andere vergleichbare Unternehmen oder Bereiche?	• Zeitverlaufsdiagramm • Medianzyklusdiagramm • Kostendiagramm • Häufigkeitsdiagramm • Normalverteilungstest • Statistische Kenngrößen
Zusammenhang von Abweichung und gemessenen Einflussfaktoren darstellen und untersuchen ③	• Wie verhält sich die Abweichung bei unterschiedlichen Werten der Einflussfaktoren? • Welche Darstellungen verdeutlichen den Zusammenhang von Einflussfaktoren und Abweichung?	• Wie oben (Modul III, Schritt 2) • Prozessfähigkeitsanalyse • Pivotdiagramm • Paretodiagramm
Faktoren mit dem größten Einfluss auf die Abweichung bestimmen ④	• Welche Einflussfaktoren beeinflussen die Abweichung besonders stark? • Welche Beweise haben wir dafür? • Wie sicher können wir sein?	• Paretodiagramm • Häufigkeitsdiagramm • Hypothesentests
Weiter zum Modul IV „Ursachen entkräften und Erfolg kontrollieren"	• Ja/Nein-Frage (Antwort muss „Ja" sein) • Allgemeine Fragen	• Werkzeug auf CD verfügbar

ifaa Institut für angewandte Arbeitswissenschaft

Abb. 3-7: Modul III: Ursachen für die Abweichungen erkennen

Wertvolles Ergebnis dieses Moduls ist eine Liste der tatsächlich relevanten Abweichungsursachen. Knappe Ressourcen können zielführend auf diese konzentriert werden. Die Chancen auf eine schnelle Verbesserung werden hierdurch deutlich erhöht.

3.4.3.1 Zuverlässige Daten vorhanden?

Der erste Arbeitsschritt dieses Moduls dient der Kontrolle, ob die fortschrittsrelevanten Ergebnisse des vorigen Schrittes vorliegen. Die für die folgenden Auswertungen benötigten Daten, deren Erhebung im vorigen Schritt geplant und durchgeführt wurde, müssen verfügbar und mit einem zuverlässigen Messsystem ermittelt worden sein.

3.4.3.2 Abweichungen und deren Schwankungen darstellen und untersuchen

Dieser Schritt dient dazu – falls möglich – den zeitlichen Verlauf bzw. die Verteilung der Abweichung oder der Ablaufergebnisse darzustellen und hieraus Erkenntnisse über die auftretende Variation sowie deren Ursachen zu gewinnen. Voraussetzungen dafür sind, dass

- Werte der Abweichung von verschiedenen Zeitpunkten bzw.
- Stichproben der Abweichung oder der Ablaufergebnisse

vorliegen.

Falls Vergangenheitswerte der Abweichung zur Verfügung stehen, können diese ggf. zusammen mit der aktuellen Abweichung als »Zeitverlaufsdiagramm« dargestellt werden, das die zeitliche Entwicklung der Abweichung und eventuelle Trends wiedergibt.

Wenn mehr als ca. 20 Werte vorliegen, kann das Zeitverlaufsdiagramm durch Einzeichnen des Medians (mittlerer Wert, nicht Mittelwert der Abweichung) in ein »Medianzyklusdiagramm« (MZD) umgewandelt werden. Das MZD erlaubt Rückschlüsse, ob Schwankungen der Abweichung im zufallsbedingten Bereich liegen oder auf außergewöhnliche Ereignisse (Störgrößen) zurückzuführen sind.

Falls der Einfluss außergewöhnlicher Ereignisse erkennbar ist, müssen diese zunächst ermittelt und beseitigt werden. Danach ist zu prüfen, ob die Vorgaben dadurch erreichbar sind. Wenn die Schwankungen ausschließlich im zufallsbedingten Bereich sind und die Vorgaben nicht erreicht werden, bedeutet dies, dass das System (der Ablauf) in seiner bestehenden Form den Anforderungen nicht gerecht werden kann und einzelne oder mehrere Komponenten verändert werden müssen.

Die »Statistische Prozessregelung« (SPC) bietet mit den sogenannten oberen und unteren Eingriffsgrenzen darüber hinaus konkrete quantitative Informationen über den Bereich der zufallsbedingten Veränderlichkeit des Ablaufs. Werte außerhalb dieses Bereichs sind Hinweise darauf, dass außergewöhnliche Einflüsse im Ablauf wirksam sind. Das Werkzeug SPC ist jedoch zu umfangreich und komplex, um es im Rahmen dieses Leitfadens zur Verfügung zu stellen.

Auf der CD-ROM sind zahlreiche Werkzeuge aufrufbar, mit denen die Streuung oder die Verteilung von Daten dargestellt, untersucht und beschrieben werden kann, wie »Kastendiagramm« (Boxplot), »Häufigkeitsdiagramm« (Histogramm) und »Statistische Kenngrößen«. Häufigkeitsdiagramm und Statistische Kennwerte sind als »Histogramm« und »Populationskenngrößen« in den Analyse-Funktionen von EXCEL enthalten.

Diese Werkzeuge geben Aufschluss über die Verteilung von Daten, minimale und maximale oder häufig auftretende Werte. Besonders niedrige Abweichungen geben Hinweise darauf, welches Abweichungsniveau mit dem bestehenden Ablauf prinzipiell erreichbar ist und welche Potenziale vorhanden sind.

Den »Statistischen Kenngrößen« können noch weiterführende Informationen über den Ablauf entnommen werden. Mit Hilfe des Vertrauensintervalls kann anhand der Kenngrößen von Stichproben, die untersucht wurden, auf die Kenngrößen der Grundgesamtheit geschlossen werden. Die Grundgesamtheit umfasst alle Ablaufergebnisse. Sie kann aufgrund der meist sehr hohen Anzahl von Werten in der Regel nicht vollständig gemessen werden. Deshalb werden gewissermaßen stellvertretend Stichproben untersucht. Es ist naheliegend, dass zuverlässige Schlussfolgerungen von Stichproben auf die Grundgesamtheit für die richtige Beurteilung der Situation und damit für erfolgreiche Verbesserungen von großer Bedeutung sind.

Falls möglich sollten ausgewählte Kenngrößen (Minimum, Maximum, Mittelwert, Streuung, Median, und ggf. andere) auch denjenigen prinzipiell vergleichbarer interner und externer Bereiche gegenübergestellt werden, um Hinweise auf erschließbare Potenziale zu erhalten.

Der ebenfalls verfügbare »Normalverteilungstest« gibt Auskunft darüber, ob Daten normal verteilt sind. Die Normalverteilung von Daten ist eine Voraussetzung für die spätere Anwendung statistischer Tests und von Bedeutung für die Interpretation statistischer Kenngrößen.

Ergebnisse dieses Arbeitsschrittes sind Darstellungen und Interpretationen des zeitlichen Verlaufs und der Streuung von Abweichung oder Ablaufergebnissen (z. B. Häufigkeits-, Kasten-, Zeitverlaufs- und Medianzyklusdiagramme).

3.4.3.3 Zusammenhang von Abweichungen und Einflussfaktoren darstellen und untersuchen

In diesem Schritt werden die in Modul II erfassten Daten der Abweichung oder der Ablaufergebnisse und der jeweils vorliegenden Einflussfaktoren ausgewertet. Dabei wird untersucht, ob zwischen den Einflussfaktoren und der Abweichung klar erkennbare Zusammenhänge bestehen. Werkzeuge, wie »Häufigkeits-, Kasten-, Zeitverlaufs- Paretodiagramm« oder Prozessfähigkeitsuntersuchungen, unterstützen dabei.

Sie liefern rasch einen guten Überblick zu Verteilung und Kennwerten der Daten und werden für jeweils unterschiedliche Zustände der Einflussgrößen erstellt und verglichen.

In Abb. 3-8 sind als Beispiel die gemessenen Durchlaufzeiten für die Bearbeitung von Angeboten für ein bestimmtes Produkt von zwei verschiedenen Standorten eines Unternehmens in Form von Kastendiagrammen gegenübergestellt. Dabei wurden je Standort die Zeiten für jeweils 50 Angebote ermittelt. Daraus ist erkennbar, dass Standort B kürzere und gleichmäßigere Durchlaufzeiten hat. Aufbau und Erstellung von Kastendiagrammen sind in Abschnitt 3.5 ausführlich beschrieben.

Auf diese Weise lässt sich oftmals schnell erkennen, ob und ggf. wie sich die Änderung einer möglichen Einflussursache (z. B. Kühlung an/aus, Rechnung in Filiale A, B oder C erstellt, ...) auf die Abweichung auswirkt. Dabei muss bereits vor der Messung oder Erfassung der Daten berücksichtigt sein, dass für

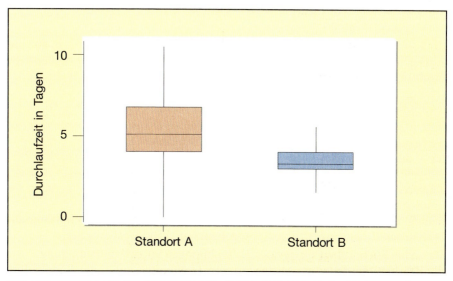

Abb. 3-8: Vergleich der Durchlaufzeiten für die Bearbeitung von Angeboten zweier Standorte in Form von Kastendiagrammen

jeden Zustand eine bestimmte Anzahl Messungen mit definierten Bedingungen benötigt wird. Dabei sollte möglichst nur ein Einflussfaktor verändert werden und die übrigen Bedingungen vergleichbar gehalten werden.

Diese Vorgehensweise, bei der nur ein Faktor gleichzeitig geändert wird, verursacht relativ hohen Aufwand, weil bei mehreren Einflussgrößen viele Messungen erforderlich sind, um alle Kombinationen zu berücksichtigen. Für die effektive Untersuchung vieler Faktoren mit möglichst wenigen Messungen gibt es spezielle Werkzeuge der statistischen Versuchsplanung (Design of Experiments, DOE), die jedoch in diesem Leitfaden nicht vorgestellt werden können.

Ein einfaches und wirkungsvolles Werkzeug zur grafisch interaktiven Untersuchung der Wirkung mehrerer Einflussfaktoren auf die Abweichung ist das in EXCEL erstellbare »Pivotdiagramm«.

Je nach Art der Abweichung können relevante Einflussfaktoren auch sehr einfach – z.B. durch Zählen – bestimmt werden. Wenn z.B. Verzögerungen und Nachfragen bei der Ausstellung kundenspezifischer Produktzeugnisse zu untersuchen sind, können Strichlisten geführt werden, in denen die Ursachen für Verzögerungen, die Häufigkeit ihres Auftretens und ggf. die je Fall erforderliche Dauer für eine Klärung festgehalten werden. Nach der Auswertung können die Häufigkeiten der Ereignisse in einem »Paretodiagramm« (sortiertes Balkendiagramm) dargestellt und relevante Einflussfaktoren direkt abgelesen werden.

Ergebnis dieses Arbeitsschrittes ist eine Auswahl der Einflussfaktoren, welche die Abweichung erkennbar beeinflussen.

3.4.3.4 Faktoren mit dem größten Einfluss auf die Abweichung bestimmen

Im vorigen Arbeitsschritt wurden Faktoren mit deutlichem Einfluss auf die Abweichung ermittelt. Aber auch ein vermeintlich deutlicher oder eindeutiger Einfluss kann eventuell nur Zufall sein. Um dies mit einer definierten Wahrscheinlichkeit auszuschließen, werden in diesem Schritt einfache statistische Hypothesentests genutzt, sofern die Voraussetzungen dafür erfüllt sind.

In den meisten Fällen werden statistische Kennwerte von Abläufen, wie Mittelwerte oder Standardabweichungen, nicht aus sämtlichen Ergebnissen des Ablaufes – der sogenannten Grundgesamtheit – (beispielsweise 5.300 Kundenrechnungen für den Monat Mai oder 10.000 Bolzen pro Fertigungslos) ermittelt, sondern aus zufälligen Stichproben, die nur einen Teil der Gesamtergebnisse umfassen. Deshalb entsprechen aus Stichproben ermittelte Kennwerte nicht unbedingt denen der Grundgesamtheit. Diese liegen vielmehr mit einer bestimmten Wahrscheinlichkeit innerhalb eines sogenannten Vertrauensbereiches.

Wenn bei Stichproben von jeweils 30 Rechnungen unter Randbedingung A für die Bearbeitungsdauer ein Mittelwert von 17 Minuten und unter Randbedingung B ein Mittelwert von 18,5 Minuten gemessen wurde ergibt das zwar einen Unterschied des Mittelwertes bei den Stichproben, dieser könnte jedoch auf Zufallseffekten der Stichproben beruhen, während die Mittelwerte der beiden Grundgesamtheiten von jeweils 450 Rechnungen sich nicht unterscheiden und tatsächlich 20 Minuten betragen. Wenn der Einfluss bestimmter Faktoren auf das Ergebnis beurteilt werden oder festgestellt werden soll, ob eine Maßnahme Verbesserungen erbracht hat, sollten solche zufälligen Effekte ausgeschlossen sein. Dabei unterstützen die statistischen Hypothesentests.

Als Werkzeuge hierzu werden auf der CD-ROM der in EXCEL durchführbare »t-Test« und eine Tabelle für den sogenannten »Chi-Quadrat-Test« bereitgestellt.

Die auf der CD angebotenen Werkzeuge sensibilisieren Anwender für die oben beschriebenen Effekte und unterstützen sie dabei, erste Erfahrungen mit statistischen Tests zu sammeln. Diese Werkzeuge sind jedoch kein Ersatz für Expertenwissen oder umfangreiche Statistiksoftware.

Statistische Tests sind keineswegs in jedem Fall zur sicheren Bestimmung relevanter Einflussfaktoren erforderlich oder anwendbar. In manchen Fällen sind wichtige Einflussfaktoren mit ausreichender Sicherheit auch aus einem Häufigkeitsdiagramm ablesbar. In anderen Fällen sind unter Umständen die Voraussetzungen – beispielsweise Normalverteilung der Daten – nicht erfüllt.

Ergebnisse dieses Schrittes sind Faktoren mit statistisch gesichertem oder aus Sicht des Verbesserungsteams eindeutigem Einfluss auf die Abweichung.

3.4.4 Modul IV: Ursachen entkräften und Erfolg kontrollieren

Dieses Modul umfasst eine erforderlichenfalls genauere Untersuchung der Wirkungsweise wichtiger Einflussfaktoren und eine erste Prüfung, ob das Ziel erreichbar ist. Außerdem werden Maßnahmen, welche die Wirkung der wichtigen Einflussfaktoren auf die Abweichung mindern oder beseitigen, geplant und umgesetzt sowie die Nachhaltigkeit erzielter Verbesserungen durch die Einführung alltagstauglicher Standards und Kontrollen gesichert.

Es muss sichergestellt werden, dass die entwickelten Maßnahmen und ihre Bedeutung allen Mitwirkenden bekannt sind und dauerhaft zuverlässig umgesetzt werden. Das Spektrum hierfür geeigneter Hilfsmittel reicht von Visualisierungen (beispielsweise aktuelle Werte der Abweichung) über Arbeitsanweisungen bis hin zu Zielvereinbarungen und der Einbindung in die Entgeltgestaltung.

Unter Nutzung des in Modul II »Fakten und Daten erfassen« eingerichteten Messsystems, werden die umgesetzten Maßnahmen ständig auf ihren Erfolg – also ihre Auswirkung auf die Abweichung – überprüft. Diese Überprüfung wird zum automatischen Bestandteil des verbesserten Ablaufes. So ist sichergestellt, dass Abweichungen auch künftig sofort bemerkt und entsprechende Gegenreaktionen ausgelöst werden.

Ergebnisse dieses Moduls sind umgesetzte Maßnahmen gegen die Abweichungsursachen und Informationen zu deren Wirksamkeit. Wenn das Ziel nicht erreicht wird, müssen frühere Arbeitsschritte erneut durchlaufen werden.

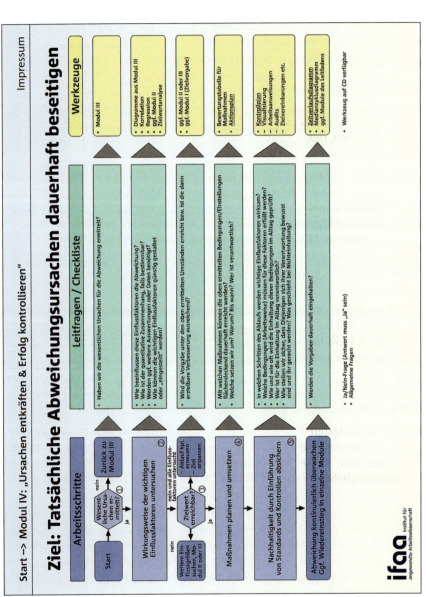

Abb. 3-9: Modul IV: Ursachen entkräften und Erfolg kontrollieren

3.4.4.1 Wesentliche Ursachen ermittelt?

Der erste Arbeitsschritt dieses Moduls dient der Kontrolle, ob die fortschritts-relevanten Ergebnisse des vorigen Schrittes vorliegen. Einflussgrößen mit deutlich erkennbarem oder sogar statistisch belegtem Einfluss auf die Abweichung müssen ermittelt sein.

3.4.4.2 Wirkungsweise der wichtigen Einflussfaktoren untersuchen

Dieser Schritt ist nur erforderlich, wenn wichtige Einflussfaktoren erkannt sind, deren Wirkung im Detail noch nicht ausreichend bekannt und verstanden ist und deshalb weiter untersucht werden muss. Dazu sind ggf. weitere Auswertungen vorhandener Daten (siehe Modul III) erforderlich. Ebenso kann es nötig sein, zusätzliche Daten für weitere Untersuchungen zu erfassen (Modul II).

Unter überschaubaren Bedingungen, wenn Einflussfaktoren nur zwei oder wenige Zustände annehmen können – beispielsweise Kühlung an/aus, Standort A/ B/ C oder Mitarbeiter mit Qualifikation X oder Y –, ist die Wirkung in der Regel bereits in Modul III deutlich erkennbar. In anderen Fällen, wenn zahlreiche Einflussfaktoren vorhanden sind und diese viele verschiedene Zustände annehmen können, wie z. B. Temperaturen von -20 ° C bis +30 ° C, ist die Wirkung unter Umständen nicht so leicht zu erkennen.

Als Werkzeuge, die helfen können, die Wirkungsweise von Einflussfaktoren zu verdeutlichen und für einfache Fälle ggf. auch als Formel zu beschreiben, werden auf der CD-ROM die »Korrelation« und »Regression« angeboten, die unter den Analyse-Funktionen von EXCEL zur Verfügung stehen.

Werkzeuge zur Beschreibung komplexer nicht-linearer Zusammenhänge können im Rahmen dieses Leitfadens nicht berücksichtigt werden und müssen bei Bedarf anderweitig verfügbar gemacht werden.

Wenn die wichtigsten Einflussfaktoren und deren Wirkungsweise bekannt sind, gilt es herauszufinden, welche Bedingungen und Voraussetzungen erfüllt sein müssen bzw. welche Werte die Einflussfaktoren haben müssen, damit keine oder möglichst wenig Abweichungen auftreten.

Oftmals ist diese »günstigste Einstellung« einfach erkennbar. Manchmal – insbesondere wenn viele Einflussfaktoren auftreten und diese sich gegenseitig beeinflussen – muss Sie jedoch durch Simulation, systematisches Experimentieren oder »Probieren« ermittelt werden. Um den Aufwand hierfür gering zu halten, gibt es spezielle Softwareunterstützung, um mit möglichst wenigen Messungen auch nicht lineare Modelle des Ablaufs zu ermitteln. Mit Hilfe solcher Modelle können geeignete Bedingungen und Einstellungen für eine Beseitigung oder Minderung der Abweichung bestimmt werden. Diese Werkzeuge können jedoch wegen ihrer Komplexität im Rahmen dieses Leitfadens nicht zur Verfügung gestellt werden.

Falls ein einfacher mathematischer Zusammenhang bekannt ist, kann als Werkzeug die EXCEL »Zielwertanalyse« genutzt werden, um die für eine Zielerreichung benötigten Werte der Einflussfaktoren errechnen zu lassen.

Ergebnisse dieses Arbeitsschrittes sind das Verständnis der Wirkungsweise wichtiger Einflussfaktoren sowie die Bedingungen oder Einstellungen, die erforderlich sind, um die Vorgaben zu erreichen.

3.4.4.3 Zielwert erreichbar?

Falls möglich, sollte sofort überprüft werden, ob die ermittelten Bedingungen und Einstellungen die Einhaltung der Vorgabe ermöglichen, also zur Beseitigung oder Reduzierung der Abweichung führen. Dazu müssen diese Bedingungen für eine prinzipielle Prüfung zunächst nur provisorisch hergestellt werden.

Danach ist abschätzbar, welche Verbesserung möglich ist und ob das geplante Verbesserungsziel erreicht werden kann. Falls das Ziel nach den bisherigen Erkenntnissen nicht oder nur zum Teil erreichbar ist, bestehen folgende Möglichkeiten:

- Es muss nach weiteren – bisher vielleicht übersehenen – Einflussfaktoren gesucht werden und deren Wirkung festgestellt werden.
- Der Ablauf muss komplett neu gestaltet werden. Hierfür sind Methoden des Business Process Rengineering verfügbar, die jedoch nicht zum Umfang dieses Leitfadens gehören. Der Schwerpunkt des Leitfadens ist, Abweichungen durch Optimierung vorhandener Abläufe zu beseitigen.
- Es wird eine Lösung realisiert, die das Ziel nur zum Teil erreicht. Dabei ist zwischen Aufwand und erzielbarer Verbesserung abzuwägen.

3.4.4.4 Maßnahmen planen und umsetzen

Wenn feststeht, wie die wichtigen Einflussfaktoren gestaltet oder eingestellt werden sollen, sind in diesem Schritt die Maßnahmen zu planen und umzusetzen, mit denen dies unter alltäglichen Bedingungen in der Breite und dauerhaft erreicht werden kann.

Als Werkzeuge stehen hierfür die »Bewertungstabelle für Maßnahmen« und »Aktionspläne« zur Verfügung.

Zur Entwicklung geeigneter Maßnahmen im Team kann z. B. das Brainstorming als Kreativitätstechnik genutzt werden. Wenn mehrere Lösungsmöglichkeiten erarbeitet wurden, unterstützt die Bewertungstabelle bei der Wahl der am besten geeigneten Lösung. Aktionspläne helfen bei der systematischen Umsetzung gewählter Maßnahmen. Darin ist festgehalten, »Wer«, »Was«, bis »Wann« macht und wie der aktuelle Umsetzungsstand ist.

3.4.4.5 Nachhaltigkeit durch Einführung von Standards und Kontrollen absichern

Mit der Umsetzung der gewählten Maßnahmen und der Erreichung des Ziels ist die Verbesserungsarbeit nicht abgeschlossen. Es muss sichergestellt sein, dass die Abweichung – auch nach der Hauptphase der Verbesserungsaktivitäten unter Alltagsbedingungen – kontinuierlich überwacht wird und den Vorgaben entspricht.

Die umgesetzten Maßnahmen müssen dazu im Alltag als neue Standards fest etabliert werden. Sie müssen allen Mitarbeitern bekannt, verstanden und akzeptiert sein. Alle Akteure brauchen regelmäßige Rückmeldungen über die Einhaltung der Standards und den daraus resultierenden Erfolg oder Misserfolg.

Die Bedeutung dieses anspruchsvollen Arbeitsschrittes wird häufig unterschätzt. Alle betroffenen Mitarbeiter müssen wissen, welche Randbedingungen einzuhalten sind und motiviert sein, eigenverantwortlich dafür zu sorgen.

In »Kontrollplänen« sind je Ablaufschritt die wirksamen Einflussfaktoren, die für sie einzuhaltenden Bedingungen, sowie Art, Umfang und Häufigkeit der Überwachung dieser Größen festgehalten. Grundlage dafür sind die Schritte des Ablaufdiagramms aus Modul II.

In Arbeitsanweisungen oder Zielvereinbarungen können die Maßnahmen aus dem Kontrollplan alltagstauglich handhabbar werden. Diese können jedoch – wegen der großen möglichen Vielfalt – nicht auf der CD-ROM zur Verfügung gestellt werden, sondern sind bei Bedarf unternehmens- und fallspezifisch auszuarbeiten. Zustand und Verlauf der Abweichung sowie relevanter Einflussgrößen sollten für alle Beteiligten sichtbar und bekannt sein. Hierfür ist eine geeignete Visualisierung sicher zu stellen.

Auch nachdem die Vorgabe nachhaltig erreicht ist, muss die Abweichung weiterhin kontinuierlich unter Beobachtung bleiben. Wenn die Vorgabe nicht mehr eingehalten wird, werden zuvor definierte Gegenmaßnahmen aktiviert oder es findet ein Wiedereinstieg in geeignete Module und Arbeitsschritte statt. Auf der CD-ROM stehen als unterstützende Werkzeuge für die laufende Kontrolle das »Zeitverlaufsdiagramm« und das »Medianzyklusdiagramm« zur Verfügung, mit denen die Abweichung und Einflussgrößen kontinuierlich verfolgt werden können.

Ergebnis dieses Arbeitsschrittes ist die Einführung und Absicherung neuer betrieblicher Standards für den Ablauf, mit denen die Vorgaben sicher eingehalten werden. Die Standards sind solange verbindlich, bis nachweislich bessere gefunden sind.

3.5 Werkzeuge des Leitfadens

Alle im Folgenden beschriebenen Werkzeuge sind als Vorlage auf der beigefügten CD-ROM verfügbar. Sie können entweder über die Moduldarstellungen oder die Werkzeugübersicht geöffnet werden (siehe Abschnitt 3.3, »Nutzung der CD«).

In den Moduldarstellungen wird in der rechten Spalte der Darstellung das jeweilige Werkzeug durch Doppelklick mit der linken Maustaste geöffnet. Wird der Mauszeiger auf dem Werkzeug positioniert, werden die verfügbaren Kurzinformationen eingeblendet.

Die Werkzeugübersicht zeigt eine alphabetisch oder nach Modulen sortierte Liste der Werkzeuge. Ein Doppelklick mit der linken Maustaste öffnet Werkzeuge aus der Liste. Wird der Mauszeiger auf dem Werkzeug positioniert, werden wiederum die verfügbaren Kurzinformationen eingeblendet.

Hinweise und ausführliche Informationen zu den Werkzeugen beinhalten die folgenden Unterkapitel. Diese sind anhand folgender drei Fragen gegliedert:

Was leistet das Werkzeug?

Wofür ist das Werkzeug nützlich?

Wie kann das Werkzeug angewendet werden?

Dieses Kapitel bietet für jedes Werkzeug Antworten auf die ersten beiden Fragen. Ausführliche Informationen zur Anwendung der Werkzeuge sind nach dem Öffnen der Werkzeuge in dem Tabellenblatt »Beschreibung und Anwendung« enthalten. Darin ist die Anwendung schrittweise anhand von Screenshots beschrieben. Diese Screenshots wurden mit EXCEL 2003 erstellt. Für andere Programmversionen kann die jeweilige Bildschirmansicht variieren.

Ein Teil der Werkzeuge ist im Internet als Freeware verfügbar und wurde mit Zustimmung der Autoren und Ersteller in die CD aufgenommen. Auf die Autoren wird in den jeweiligen Kapiteln verwiesen. Weitere Werkzeuge finden sich im Internet beispielsweise bei http://www.quality-link.de unter »Toolbox«.

Einige der Werkzeuge stehen unter den »Analyse Funktionen« in EXCEL zur Verfügung. Diese sind seit der Version EXCEL 97 verfügbar und können unter dem Hauptmenü »Extras« aufgerufen werden. Sind die Analysefunktionen dort nicht aufgeführt, können sie mit der Funktion »Add-Ins« im Hauptmenü »Extras« eingerichtet werden.

3.5.1 Ablaufdiagramm

Was leistet das Werkzeug?

Das Ablaufdiagramm ist eine detaillierte Darstellung von Abläufen und Prozessen, die Beschreibungen der einzelnen Teilarbeitsschritte enthält und diesen eindeutig Verantwortungsbereichen zuordnet (Abb. 3-10).

Ergänzend können in separaten Tabellen zu jedem Schritt Ein- und Ausgänge, Vorgaben und deren Einhaltung festgehalten werden.

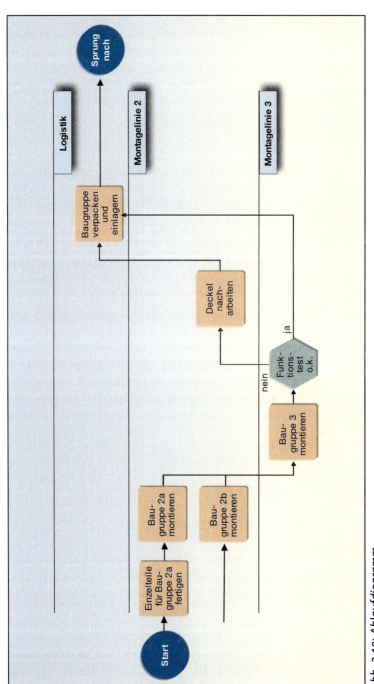

Abb. 3-10: Ablaufdiagramm

Wofür ist das Werkzeug nützlich?

Durch Bündelung des Wissens von Prozessexperten entsteht eine aktuelle und umfassende Darstellung des Ablaufes, wie er tatsächlich praktiziert wird. Darin können Ursachen für Abweichungen und Verbesserungsansätze identifiziert werden. Aktuelle Ablaufbeschreibungen sind auch beispielsweise für Dokumentationen im Rahmen von QM-Systemen und Audits nutzbar.

3.5.2 Ablauf-Grobdarstellung

Was leistet das Werkzeug?

Ein Ablauf, bswp. »Profilabschnitte sägen«, wird in Hauptschritte unterteilt und als einfaches Ablaufdiagramm grafisch dargestellt. Eingänge und Ausgänge des Ablaufs sowie Lieferanten und deren Kunden sind ebenfalls Teil der Darstellung, siehe Abb. 5-4, 5-14, 5-19.

Wofür ist das Werkzeug nützlich?

Alle an der Planung Beteiligten bekommen eine einheitliche Vorstellung vom Ablauf und können auf dieser gemeinsamen Basis erste Schwerpunktbereiche der Verbesserungsarbeit identifizieren und vereinbaren.

3.5.3 Aktionsplan

Was leistet das Werkzeug?

Nachdem die tatsächlichen Ursachen für die Abweichung entdeckt sind, werden Maßnahmen gegen die Ursachen geplant, gewählt und umgesetzt.

Dazu wird festgehalten, Wer, Was bis Wann macht und wie der Status (Umsetzungsstand) ist.

Wofür ist das Werkzeug nützlich?

Die Ergebnisse der Umsetzungsplanung und der Stand der Umsetzung können regelmäßig aktualisiert allen Beteiligten und Betroffenen zugänglich gemacht werden. Das fördert Transparenz und Engagement.

3.5.4 Aushang »Stand Verbesserungsvorhaben«

Was leistet das Werkzeug?

Der Aushang ist ein DIN A3 Blatt, in dem die wichtigsten Informationen zur geplanten Verbesserung sowie die aktuellen Ergebnisse (tatsächliche Ursachen, Maßnahmen und Wirkung) für die Mitarbeiter sichtbar dokumentiert werden.

Wofür ist Werkzeug nützlich?

Mitarbeiter der betroffenen Bereiche und ggf. darüber hinaus werden über das geplante Projekt und den aktuellen Stand informiert. Das baut Misstrauen und Ängste ab, bezieht die Mitarbeiter ein und macht den eigenen Beitrag sowie die eigene Verantwortung zur Entwicklung anschaulich.

	Höhe der Einsparungen	Übertragbarkeit auf andere Bereiche	Bearbeitungs-zeit	Fehler-Reduzierungs-potenzial > 80 %	Komplexität des Vorhabens	Investitions-/Ertrags-verhältnis des Vorhabens
	30%	10%	25%	15%	10%	10%
Erläuterung	Schätzung der Gesamt Netto-Jahres-ersparnis	Einschätzung der Übertragbarkeit der Ergebnisse und evtl. Potenziale andernorts	Schätzung der Bearbeitungs-dauer	Schätzung der Reduzierungs-möglichkeit der Fehlerrate	Schätzung des Schwierigkeits-grades	$\dfrac{\text{Investitionen}}{100} \times \text{Nettoersparnis}$
Punkte	9 > = 250.000 € 8 > = 200.000 € 7 > = 150.000 € 6 > = 100.000 € 5 > = 50.000 € 4 > = 35.000 € 3 > = 20.000 € 2 > = 10.000 € 1 < = 10.000 €	Hoch = 9 Mittel = 5 Niedrig = 1	9 < = 4 Monate 7 < = 6 Monate 5 < = 9 Monate 3 < = 12 Monate 1 > 12 Monate	9 > = 98 % 8 > = 78 % 5 > = 58 % 3 > = 50 % 1 < 50 %	Hoch = 1 Mittel = 5 Niedrig = 9	9 < = 1 % 8 < = 5 % 7 < = 10 % 5 < = 15 % 3 < = 20 % 1 > 20 %

	Höhe der Einsparungen	Übertragbarkeit auf andere Bereiche	Bearbeitungs-zeit	Fehler-Reduzierungs-potenzial > 80 %	Komplexität des Vorhabens	Investitions-/Ertrags-verhältnis des Vorhabens	Gesamt-punktzahl
			Bewertung in Punkten				
Vorhaben 1	4	3	9	5	1	9	5,5
Vorhaben 2	3	1	9	5	1	9	5
Vorhaben 3	8	1	5	3	1	7	5
Vorhaben 4	1	1	1	1	1	1	1
Vorhaben 5	9	9	9	9	9	9	9

Abb. 3-11: Bewertungstabelle Verbesserungsvorhaben (in Anlehnung an Krauer 2003/2004)

3.5.5 Bewertungstabelle für Maßnahmen

Was leistet das Werkzeug?
Die Bewertungstabelle hilft, alternative Maßnahmen zur Verminderung von Abweichungen strukturiert nach einheitlichen Kriterien und Gewichtungen im Team gemeinsam zu bewerten und auf dieser Basis die am besten geeigneten Maßnahmen zu wählen. Der Aufbau ähnelt prinzipiell dem der Bewertungstabelle für Verbesserungsvorhaben.

Wofür ist das Werkzeug nützlich?
Die Entscheidung über umzusetzende Maßnahmen wird systematisiert und objektiviert.

Der Einfluss persönlicher Präferenzen auf die Maßnahmenwahl wird relativiert.

3.5.6 Bewertungstabelle für Verbesserungsvorhaben

Das im Folgenden bereitgestellte Bewertungsblatt basiert auf dem Beitrag »Der Projektauswahlprozess« von Reinhard Krauer in »Six Sigma Konzeption und Erfolgsbeispiele für praktizierte Null-Fehler Qualität« (Töpfer 2003/2004).

Was leistet das Werkzeug?
Das Bewertungsblatt hilft, alternative Verbesserungsideen strukturiert nach einheitlichen Kriterien und Gewichtungen zu bewerten und auf dieser Basis vorrangig umzusetzende Ideen zu identifizieren.

Wofür ist das Werkzeug nützlich?
Wenn mehrere Verbesserungsvorhaben vorliegen als durchgeführt werden können, wird die Entscheidung, welches Vorhaben den größten Unternehmensnutzen bietet, systematisiert und objektiviert. Der Einfluss persönlicher Präferenzen auf die Auswahl wird relativiert. (Abb. 3-11)

3.5.7 Chance-Risiko-Betrachtung

Was leistet das Werkzeug?
Die Chance-Risiko-Betrachtung unterstützt, gegen Ende des Moduls »Verbesserungsvorhaben planen und vereinbaren« die abschließende Prüfung, ob alle wichtigen Personen einbezogen sowie Chancen und Risiken des Verbesserungsvorhabens ausreichend erwogen wurden.

Wofür ist das Werkzeug nützlich?
Die abschließende Prüfung hilft, Zeit und Ressourcen möglichst sinnvoll einzusetzen. Wenn bspw. wichtige Personen nicht rechtzeitig einbezogen wurden, entwickeln sie häufig eine negative Einstellung. Diese ist eventuell nur mit unnötig hohem Aufwand wieder korrigierbar.

Datenerfassungsplan: Durchlaufzeit Lieferantenrechnungen
Zweck der Messung: Wirkung der Einflussfaktoren »Rücksprache mit Lieferant«, »Wareneingangsprüfung« und »Sonstige« untersuchen.
Über einen Zeitraum von 6 Wochen erhält jede eingehende Lieferantenrechnung ein Begleitblatt, in dem die Durchlaufzeit sowie Ursachen für Verzögerungen und deren Dauer von den Mitarbeitern der Buchhaltung eingetragen werden.
Nach 6 Wochen werden die Begleitblätter ausgewertet.

Ausgangsgröße	Einflussfaktoren Eingangsgrößen	Messung						festzuhaltende Randbedingungen
		Was?	Datentyp?	Womit?	Von wem?	Wann/Wie oft?	Umfang?	
Durchlaufzeit der eingehenden Rechnungen		Durchlaufzeit (DLZ) in Tagen (eingangs bis Kontobelastung)	quantitativ	Rechnungsbegleitblatt	Mitarbeiter Rechnungsprüfung		für jede Rechnung	
	Rücksprache mit Lieferanten wegen • Preisabweichung • Lieferbedingungen • Qualitätsmangel • Sonstigem	Ursache und Dauer	qualitativ	Rechnungsbegleitblatt	Mitarbeiter Rechnungsprüfung	bei jeder Verzögerung	für jede Rechnung	
	Wareneingangsprüfung • Umfang • Prüfart • Termin der WE Prüf. • Personalsituation	Ursache und Dauer	qualitativ	Rechnungsbegleitblatt	Mitarbeiter Rechnungsprüfung	bei jeder Verzögerung	für jede Rechnung	

Abb. 3-12: Datenerfassungsplan

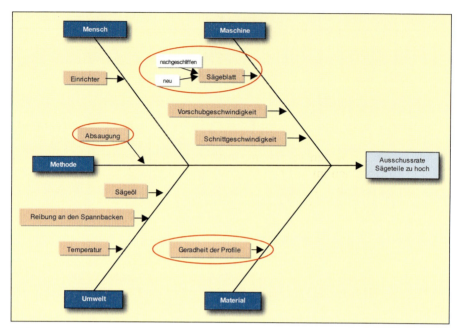

Abb. 3-13: Fischgrätdiagramm

3.5.8 Datenerfassungsplan

Was leistet das Werkzeug?
Der Datenerfassungsplan unterstützt das Team bei der Planung der Erfassung der Daten, die benötigt werden, um die Wirkung vermutlich wichtiger Ursachen zu untersuchen. Dazu wird festgelegt und im Erfassungsplan dokumentiert, was zu welchem Zweck, in welchem Umfang, unter welchen Bedingungen gemessen werden soll (Abb. 3-12).

Wofür ist das Werkzeug nützlich?
Die Datenerfassung wird strukturiert geplant. So kann der Erhebungsaufwand möglichst gering gehalten und vermieden werden, dass bei der Auswertung Daten fehlen, die nacherhoben werden müssen. Unabhängig davon ist, je nach Zwischenergebnissen, trotzdem häufig eine Erfassung in mehreren Stufen erforderlich.

3.5.9 Fischgrätdiagramm

Was leistet das Werkzeug?
Das Fischgrätdiagramm (auch Ishikawa-Diagramm oder Ursache-Wirkungsdiagramm) wurde in den 60er Jahren als eines von 7 Werkzeugen für Qualitätszirkel (Q 7) von Kaoru Ishikawa entwickelt.

Es ordnet einer Abweichung oder einem Problem in einem Diagramm, das wie eine Fischgräte aussieht, Haupt- und Nebenursachen zu. Die Abweichung bildet dabei den »Kopf« der Gräte, die Hauptursachen die »Gräten«. Diesen können in mehreren Ebenen untergeordnete Ursachen zugeordnet werden, siehe Tabellenblatt »Beispiel Fischgrätdiagramm« (Abb. 3-13).

Wofür ist das Werkzeug nützlich?
Ursachen für Abweichungen können im Expertenteam auf einer Pinwand im Rahmen eines Brainstormings gesammelt und strukturiert werden. Das Ergebnis ist für alle Beteiligten schneller erfassbar als ein umfangreicher Text. Das Team kann Ursachen im fertigen Diagramm auch schnell und unkompliziert gewichten, indem die Beteiligten Klebepunkte vergeben. Gewichtungen können unabhängig voneinander auch von verschiedenen (Interessens-)Gruppen durchgeführt werden, um die Wissensbasis zu verbreitern.

3.5.10 Häufigkeitsdiagramm (Histogramm)

Was leistet das Werkzeug?
Das Häufigkeitsdiagramm zeigt an, wie häufig Werte aus bestimmten Größenklassen in einem Datensatz auftreten (zum Beispiel: Längen 170 mm, 170-171 mm, usw.).

Abb. 3-14: Häufigkeitsdiagrammm

Wofür ist das Werkzeug nützlich?
Die Variation der Daten und deren Verteilung sind auf einen Blick erkennbar. (Abb. 3-14)

3.5.11 Hypothesentests

Was leistet das Werkzeug?
Mit Hilfe von Hypothesentests werden Hypothesen über zwei oder mehr Grundgesamtheiten anhand von Stichprobenwerten getestet. Hypothesen können bswp. sein:

- Montagelinie A hat mehr Kundenreklamationen als Linie B.
- Die Angebotsbearbeitung am Standort X ist schneller als diejenige am Standort Y.

Wofür ist das Werkzeug nützlich?
Wenn Zufallseinflüsse durch die Stichprobenziehung unwahrscheinlich sind und mit einem Zweifel i.d.R. weniger als 5 % nachgewiesen ist, dass bspw. Linie B weniger Reklamationen hat, lohnt der Aufwand, nach besonderen Merkmalen und Rahmenbedingungen der Linie B zu suchen und diese auf die andere Linie zu übertragen und dort zu standardisieren. Bei der Suche nach diesen wesentlichen Erfolgsfaktoren können Hypothesentests wiederum hilfreich sein.

Nach Umsetzung von Verbesserungsmaßnahmen kann deren Wirkung mit Hilfe von Hypothesentests eindeutig beurteilt werden.

Aus der Vielzahl von Hypothesentests werden in dieser Datei zwei zur Verfügung gestellt:

t-Test:
Test, ob die Mittelwerte zweier Grundgesamtheiten signifikante Unterschiede aufweisen. Z. B.: Die Angebotsbearbeitung am Standort X ist schneller als diejenige am Standort Y.

χ^2-Test (sprich: »Chi-Quadrat-Test«):
Test, ob qualitative bzw. in wenige Kategorien zusammengefasste Merkmale in zwei oder mehr Grundgesamtheiten mit signifikant unterschiedlicher Häufigkeit auftreten.

In Abb. 3-15 ist als Beispiel ein Vergleich der Behandlungserfolge von 5 Ärzten dargestellt, die sich grundsätzlich voneinander unterscheiden.

3.5.12 Kastendiagramm

Das im Folgenden beschriebene Kastendiagramm wurde vom Steinbeis-Transferzentrum für Qualität und Umwelt TQU (www.tqu.de) erstellt, das freundlicherweise sein Einverständnis gegeben hat, das Werkzeug auch auf der CD-ROM des Leitfadens bereitzustellen.

Was leistet das Werkzeug?

Das Kastendiagramm stellt die statistischen Kenngrößen Mittelwert, Median sowie erstes und drittes Quartil einer Zielgröße oder Abweichung grafisch dar.

Wofür ist das Werkzeug nützlich?

Die Variation der zu untersuchenden Daten und ggf. die Auswirkung von Einflussfaktoren auf die Variation sind auf einen Blick erkennbar, siehe Abb. 3-8 und 5-9.

Beobachtete Werte							
	Kategorien						
Merkmale	Arzt A	Arzt B	Arzt C	Arzt D	Arzt E	Zeilensummen	% Zeile
keine Besserung	13	5	8	21	20	67	0,36
teilweise Besserung	18	10	12	5	15	60	0,32
völlige Besserung	16	11	11	10	10	58	0,31
4						0	
5						0	
Spaltensummen	47	26	31	36	45	185	1,00

Erwartete Werte						
	Kategorien					
Merkmale	Arzt A	Arzt B	Arzt C	Arzt D	Arzt E	Zeilensummen
keine Besserung	17,02	9,42	11,23	13,04	16,30	67
teilweise Besserung	15,24	8,43	10,05	11,68	14,59	60
völlige Besserung	14,74	8,15	9,72	11,29	14,11	58
4						0
5						0
Spaltensummen	47	26	31	36	45	185

Testergebnis p-Wert = 0,02748   **Vorgabe: α-Fehler < 5 % (0,05)**

Interpretation des Ergebnisses:
Der p-Wert ist kleiner als 0,05. Deshalb ist davon auszugehen, dass die Verteilung der Behandlungsergebnisse bei den 5 Ärzten prinzipiell unterschiedlich sind.

Abb. 3-15: Hypothesentest am Beispiel eines Chi-Quadrat-Tests

Kontrollplan

Ablauf/Prozess: Bolzenfertigung

Ansprechpartner/Tel.Nr.: Herr XX, 0221 4711

Nr.	Ablauf-/Prozessschritt	Einflussfaktoren			Kontrolle		
		Einflussfaktor	Vorgabe	Wirkung bei Nicht-einhaltung	Messmittel	Kontrollumfang	Verantwortlich
1	Bolzen drehen	Maschine	bis Ø 30 Maschine A, B, C	---	---	jeder Fertigungsauftrag	Einrichter
2			> Ø 30 Maschine A	Ø zu ungleichmäßig	---	jeder Fertigungsauftrag	Einrichter
3							
4		Werkzeugver-schleiß	Einsatzdauer 5 Stunden	schlechte Oberflächen-güte	Zeiteintrag im Begleitblatt	alle 30 min	Maschinenbediener
5							
6		Oberflächengüte Rohmaterial	Rostfrei ohne Einschlüsse	erhöhter Verschleiß, Werkzeugbruch	optische Prüfung gemäß Fotovor-gaben	bei jeder Anlieferung 5 von 100 Stangen	Maschinenbediener
7							
8							
9							

Abb. 3-16: Kontrollplan

3.5.13 Kontrollplan

Was leistet das Werkzeug?
Der Kontrollplan gibt eine abschließende Übersicht, an welchen Stellen im Ablauf wichtige Einflussfaktoren auftreten, welche Vorgaben für sie erfüllt sein müssen und wie das überprüft und sichergestellt wird. Grundlage dafür ist die Ablaufgrobdarstellung oder das Ablaufdiagramm.

Wofür ist das Werkzeug nützlich?
Zur Beseitigung der Abweichung erforderliche Kontrollen werden nach festen Regeln im Alltag verankert. Der Kontrollplan kann als ergänzende »Arbeitsanweisung« genutzt werden oder in bestehenden Anweisungen Berücksichtigung finden (Abb. 3-16).

3.5.14 Korrelation

Was leistet das Werkzeug?
Mit Hilfe der Korrelation kann der Zusammenhang zweier Größen beurteilt werden. Häufig wird eine der beiden Größen als Zielgröße definiert.

Wofür ist das Werkzeug nützlich?
Der Einfluss wird quantifiziert und objektiviert.

3.5.15 REFA-Materialflussanalyse

Grundsätzliches
Das folgende Werkzeug dient der Unterstützung bei der REFA-Materialflussanalyse. Dank der freundlichen Zustimmung des REFA-Bundesverbandes kann das Werkzeug in abgewandelter Form als EXCEL-Datei auf der CD-ROM dieses Leitfadens zur Verfügung gestellt werden.

Was leistet das Werkzeug?
Mit Hilfe dieses Werkzeugs werden die einzelnen Ablaufabschnitte (oder »Ablaufschritte« in der Terminologie dieses Leitfadens) detailliert erfasst. Diese Abschnitte werden eingestuft als: »Wertschöpfung«, »Transportieren«, »Prüfen«, »Liegen«, »Lagern«.

Außerdem werden der Zeitbedarf je Schritt und ggf. die während des Schrittes zurückgelegten Wege ermittelt und festgehalten. Der Anteil der einzelnen Ablaufarten an der Anzahl der Gesamtabschnitte und der Gesamtdauer wird ausgewiesen (Abb. 5-16).

Wofür ist das Werkzeug nützlich?
Die »Bilanz« der Ablaufarten weist auf Verbesserungspotenziale hin (bswp. hohe Anteile von Transport-, Liege- und Prüfzeiten). Das ist v. a. für Prozesse mit

hohen Wiederholraten nützlich. Abschnitte, die Verschwendung verursachen, sind direkt erkennbar und Verbesserungen können gezielt geplant werden.

3.5.16 Medianzyklusdiagramm

Was leistet das Werkzeug?
Im Medianzyklusdiagramm sind der zeitliche Verlauf der Abweichung oder von Prozessergebnissen und der Median (Mittlerer Wert der nach Größe sortierten Werte, z. B. 6 für die Zahlen 4, 5, 6, 7, 8) der Daten zusammen dargestellt.

Wofür ist das Werkzeug nützlich?
Je nachdem, wie oft sich die Zeitverlaufskurve ober- oder unterhalb des Medians befindet, kann geschlossen werden, ob auftretende Schwankungen der Abweichung oder Zielgröße im Bereich der so genannten zufallsbedingten Variation liegen, oder ob außerordentliche Störeinflüsse wirksam sind.

Das Diagramm in Abb. 3-17 hat beispielsweise 7 Medianzyklen bei 12 nicht auf dem Median liegenden Datenpunkten. Für diese Randbedingungen kann laut Medianzyklustabelle von zufallsbedingter Variation ausgegangen werden, solange die Anzahl der Medianzyklen zwischen 3 und 10 beträgt (siehe entsprechendes Tabellenblatt in der Werkzeugdatei nach Williams, Bertels, Dershin, 2002).

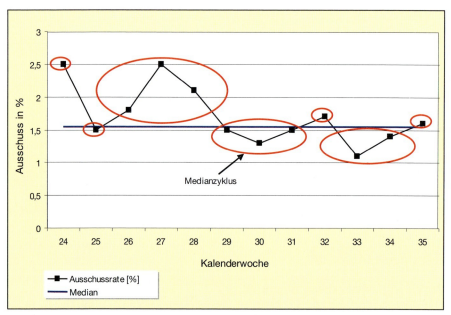

Abb. 3-17: Medianzyklusdiagramm

3.5.17 Messsystemanalyse (MSA) für qualitative Daten

Was leistet das Werkzeug?
Die MSA für qualitative Daten gibt Auskunft darüber, ob mehrere Prüfer, die qualitative Daten ermitteln (z. B. Werkstück gut/schlecht) oder verschiedene Kategorien zuordnen (z. B. Kundengutschrift wegen Ursache A, B, C oder D), unabhängig voneinander zuverlässige und übereinstimmende Ergebnisse ermitteln (Abb. 3-18).

Wofür ist das Werkzeug nützlich?
Die MSA hilft,

- zu ermitteln, wie groß der Anteil an der insgesamt beobachteten Variation ist, der durch das Messsystem verursacht wird,
- die Güte vorliegender Messwerte, die mit dem Messsystem ermittelt wurden, einzuschätzen,
- zu beurteilen, ob angestrebte Verbesserungen mit dem Messsystem überhaupt sicher erkannt werden könnten,
- Verbesserungsbedarf am Messsystem zu erkennen.

In Abb. 3-18 sind die Ergebnisse einer Analyse dargestellt, bei der drei Prüfer in 14 Fällen ein Merkmal jeweils zweimal geprüft haben. Der geringe Anteil korrekter Prüfergebnisse und Übereinstimmungen deutet auf Verbesserungsbedarf am Messsystem hin.

3.5.18 Messsystemanalyse (MSA) für quantitative Daten (automatisch gemessen)

Was leistet das Werkzeug?
Die MSA gibt Auskunft darüber, ob automatisierte Messeinrichtungen, die quantitative Daten erfassen (z. B. Längen, Durchmesser, etc.), zuverlässige und reproduzierbare Ergebnisse ermitteln.

Wofür ist das Werkzeug nützlich?
Es ermittelt, ob die durch das Messsystem verursachte Variation klein genug ist, um zuverlässig zu beurteilen, ob Ergebnisse sicher innerhalb der zulässigen Toleranzen liegen. Wenn der Toleranzbereich bspw. 2/10 mm beträgt und das Messsystem bereits 1/10 mm Variation aufweist, kann damit nicht zuverlässig beurteilt werden, ob Werkstücke im Toleranzbereich liegen oder nicht.

Ein Beispiel ist Abb. 5-10 zu entnehmen.

Untersuchung von: Werkstück 4711   **Datum:** 12.11.2007

Erfasst werden können qualitative Daten, wie gut/schlecht oder Ursache A, B, C, D oder Ursache 1, 2, 3, 4, 5. Diese müssen als Zahlen 1, 2, 3, 4, etc. eingegeben werden (Beispielsweise 1 = gut, 2 = schlecht oder 1 = Ursache A, 2 = Ursache B, 3 = Ursache C)

Probe/Fall	Ist-Zustand	Prüfer 1				Prüfer 2				Prüfer 3				Alle Prüfer gleich	Alle Prüfer gleich Ist-Zustand
		1. Ergebnis	2. Ergebnis	1=2?	1=2=Ist?	1. Ergebnis	2. Ergebnis	1=2?	1=2=Ist?	1. Ergebnis	2. Ergebnis	1=2?	1=2=Ist?		
1	1	2	1	FALSCH	FALSCH	1	1	WAHR	WAHR	2	2	WAHR	FALSCH	FALSCH	FALSCH
2	2	2	2	WAHR	WAHR	1	1	WAHR	FALSCH	2	1	FALSCH	FALSCH	FALSCH	FALSCH
3	2	1	2	FALSCH	FALSCH	2	1	FALSCH	FALSCH	2	2	WAHR	WAHR	FALSCH	FALSCH
4	2	1	2	FALSCH	FALSCH	2	2	WAHR	WAHR	2	2	WAHR	WAHR	FALSCH	FALSCH
5	2	1	2	FALSCH	FALSCH	1	2	FALSCH	FALSCH	2	2	WAHR	WAHR	FALSCH	FALSCH
6	1	2	1	FALSCH	FALSCH	1	1	WAHR	WAHR	1	1	WAHR	WAHR	FALSCH	FALSCH
7	1	1	1	WAHR	WAHR	2	2	WAHR	FALSCH	1	1	WAHR	WAHR	FALSCH	FALSCH
8	1	2	2	WAHR	FALSCH	1	1	WAHR	WAHR	1	2	FALSCH	FALSCH	FALSCH	FALSCH
9	2	2	2	WAHR	WAHR	1	1	WAHR	FALSCH	1	1	WAHR	FALSCH	FALSCH	FALSCH
10	2	1	2	FALSCH	FALSCH	2	2	WAHR	WAHR	2	2	WAHR	WAHR	FALSCH	FALSCH
11	1	1	2	FALSCH	FALSCH	1	1	WAHR	WAHR	1	1	WAHR	WAHR	FALSCH	FALSCH
12	1	1	1	WAHR	WAHR	1	1	WAHR	WAHR	1	1	WAHR	WAHR	WAHR	WAHR
13	2	1	1	WAHR	FALSCH	1	1	WAHR	FALSCH	2	1	FALSCH	FALSCH	WAHR	FALSCH
14	2	2	2	WAHR	WAHR	2	2	WAHR	WAHR	2	2	WAHR	WAHR	WAHR	WAHR
Anzahl Übereinstimmungen				7	5			12	8			12	9	3	2
Anzahl ausgefüllter Zeilen				14				14				14		14	
Übereinstimmung in %				50	36			86	57			86	64	21	14

Abb. 3-18: Messsystemanalyse für qualitative Daten

3.5.19 Messsystemanalyse (MSA) für quantitative Daten (manuell)

Diese Messsystemanalyse nach QS 9000 wurde von Burkhard Korte (www.qm-unternehmensberatung.de) erstellt, der freundlicherweise sein Einverständnis gegeben hat, das Werkzeug auf der CD-ROM des Leitfadens bereitzustellen.

Was leistet das Werkzeug?

Die MSA gibt Auskunft darüber, ob mehrere Prüfer, die quantitative Daten erfassen (Zeiten, Längen, etc.), unabhängig voneinander zuverlässige und reproduzierbare Ergebnisse ermitteln.

Wofür ist das Werkzeug nützlich?

Es wird ermittelt, wie groß der Anteil an der beobachteten Variation ist, der durch das Messsystem verursacht wird.

Auf der Basis gesicherter Messwerte können zuverlässige Schlüsse über Ursachen gezogen und zielführende Maßnahmen geplant werden.

3.5.20 Normalverteilungstest

Grundsätzliches

Als Werkzeug für den Normalverteilungstest steht auf der CD-ROM die Freeware »Process Capability Calculator« zur Verfügung. Die Firma Symphony Technologies (www.symphonytech.com) hat hierfür freundlicherweise ihr Einverständnis gegeben.

Wenn das Werkzeug »Normalverteilungstest« in der Modulansicht oder der Werkzeugliste erstmals gewählt wird, startet die Installation und das Programm kann anschließend genutzt werden. Wenn zu späteren Zeitpunkten weitere Analysen durchgeführt werden sollen, muss das Programm direkt geöffnet werden. Die Links in Moduldarstellung und Werkzeugliste führen nicht zum Programm, sondern nur zur Installationsroutine. Nähere Informationen zur Anwendung des Programms und der Ergebnisinterpretation bietet die Hilfefunktion des Programms.

Was leistet das Werkzeug?

Der Normalverteilungstest gibt Auskunft darüber, ob die Daten einer Stichprobe normal verteilt sind oder nicht.

Wofür ist das Werkzeug nützlich?

Die Normalverteilung der Daten ist Voraussetzung für die Anwendung bestimmter Werkzeuge und Tests (z. B. t-Test und Prozessfähigkeitsanalyse).

Wie führe ich einen Normalverteilungstest durch?

Als Werkzeug für Prüfung auf Normalverteilung kann die auf der CD-ROM verfügbare Freeware »Process Capability Calculator« der Firma Symphony Technologies (www.symphonytech.com) genutzt werden. Weitere Informationen hierzu finden Sie unter »Prozessfähigkeitsanalyse (Abb. 3-21).

Rangkriterien: 2 = wichtiger 1 = gleich 0 = unwichtiger	1. Farbe	2. Marke	3. Verbrauch	4. Anzahl Sitze	5.	6.	7.	8.	9.	10	Summe
1. Farbe		0	0	0							0
2. Marke	2		0	1							3
3. Verbrauch	2	2		0							4
4. Anzahl Sitze	2	1	2								5
5.											0
6.											0
7.											0
8.											0
9.											0
10.											0

Abb. 3-19: Paarweiser Vergleich

3.5.21 Paarweiser Vergleich

Was leistet das Werkzeug?
Der paarweise Vergleich hilft, im Projektteam gemeinsam Kriterien oder Faktoren zu gewichten und in eine Rangfolge zu bringen.

Um Entscheidungen zu vereinfachen und zu objektivieren, werden dabei immer nur zwei Kriterien gleichzeitig miteinander verglichen (Abb. 3-19).

Wofür ist das Werkzeug nützlich?
Bei der Gewichtung von Einflussfaktoren hinsichtlich ihrer Wirkung auf die Abweichung kann der paarweise Vergleich unterstützend oder alternativ zur Ursache-Wirkungs-Tabelle oder dem Fischgrätdiagramm eingesetzt werden.

3.5.22 Paretodiagramm

Das im Folgenden beschriebene und bereitgestellte Paretodiagramm wurde vom Steinbeis-Transferzentrum für Qualität und Umwelt TQU (www.tqu.de) erstellt, das freundlicherweise sein Einverständnis gegeben hat, das Werkzeug auch auf der CD-ROM des Leitfadens bereitzustellen.

Was leistet das Werkzeug?

Das Paretodiagramm stellt quantitative Merkmale einer begrenzten Anzahl von Kategorien dar, z. B. Umsatz je Standort, Wirkungsgrad je Maschine, Einwohnerzahl je Stadt, etc. sortiert nach Häufigkeit.

In Abb. 3-20 sind als Beispiel die Anteile verschiedener Verkaufsbüros am Gesamtumsatz dargestellt.

Wenn stattdessen eine größere Anzahl quantitativer Daten nach Häufigkeitsklassen sortiert werden soll, ist dafür das ebenfalls verfügbare Werkzeug »Häufigkeitsdiagramm« verwendbar – siehe Tabellenblatt »Beschreibung und Anwendung«. (Beispiel: Für 500 gemessene Durchlaufzeiten soll festgestellt werden, wie oft bis 10, 10 bis 12, 12 bis 14, 14 bis 16, 16 bis 18, etc. Tage benötigt wurden.).

Wofür ist das Werkzeug nützlich?

Relevante Faktoren oder besonders häufige Werte können direkt abgelesen werden.

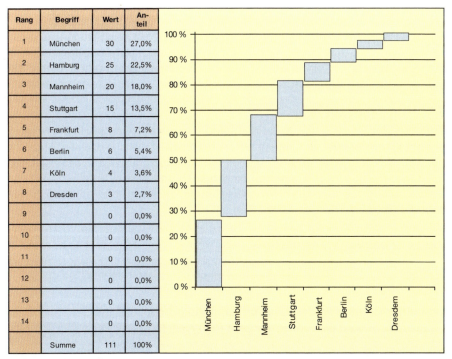

Rang	Begriff	Wert	Anteil
1	München	30	27,0%
2	Hamburg	25	22,5%
3	Mannheim	20	18,0%
4	Stuttgart	15	13,5%
5	Frankfurt	8	7,2%
6	Berlin	6	5,4%
7	Köln	4	3,6%
8	Dresden	3	2,7%
9		0	0,0%
10		0	0,0%
11		0	0,0%
12		0	0,0%
13		0	0,0%
14		0	0,0%
	Summe	111	100%

Abb. 3-20: Paretodiagramm

3.5.23 Pivotdiagramm

Was leistet das Werkzeug?

Mit Hilfe des Pivotdiagrammes können die Auswirkungen verschiedener Einflussfaktoren auf eine Ausgangs- oder Zielgröße grafisch interaktiv untersucht werden (Abb. 5-8).

Wofür ist das Werkzeug nützlich?

Die Werte der Einflussfaktoren, bei denen die Zielgröße keine oder möglichst geringe Abweichungen aufweist, können damit entdeckt werden.

3.5.24 Prozessfähigkeitsanalyse

Grundsätzliches

Als Werkzeug für die Prozessfähigkeitsanalyse steht auf der CD-ROM die Freeware »Process Capability Calculator« zur Verfügung. Die Firma Symphony Technologies (www.symphonytech.com) hat hierfür freundlicherweise ihr Einverständnis gegeben.

Wenn das Werkzeug »Prozessfähigkeitsanalyse« in der Modulansicht oder der Werkzeugliste erstmals gewählt wird, startet die Installation und das Programm kann anschließend genutzt werden. Wenn zu späteren Zeitpunkten weitere Analysen durchgeführt werden sollen, muss das Programm direkt geöffnet werden. Die Links in Moduldarstellung und Werkzeugliste führen nicht zum Programm, sondern nur zur Installationsroutine. Nähere Informationen zur Anwendung des Programms und der Ergebnisinterpretation bietet die Hilfefunktion des Programms.

Was leistet das Werkzeug?

Mit Hilfe der Prozessanalyse kann anhand von Stichproben normal verteilter quantitativer Daten (z. B. Längenmaße) die Fähigkeit eines Prozesses/Ablaufes beurteilt werden, bestimmte Vorgaben einzuhalten. Dabei wird der zulässige Toleranzbereich T (z. B. Länge soll zwischen 19 und 21 mm betragen) mit der beobachteten Variation der Prozessergebnisse, die durch die Standardabweichung σ charakterisiert ist, verglichen.

Wofür ist das Werkzeug nützlich?

Die Fähigkeit eines Prozesses oder Ablaufes, vorgegebene Anforderungen zu erfüllen, ist eindeutig quantifiziert und allgemein vergleichbar ausgewiesen.

Wie führe ich eine Prozessfähigkeitsanalyse durch?

Grundsätzlich wird die Prozessfähigkeit (Cp) nach folgender Formel bestimmt:

$$Cp = \frac{\text{Toleranzbereich}}{6 \times \text{Standardabweichung}} = \frac{T}{6\,\sigma}$$

Der Bereich 6 σ im Nenner wurde gewählt, weil bei normal verteilten Daten 99,7 % aller Werte im Bereich von -3 σ bis +3 σ um den Mittelwert liegen. Cp = 1 bedeutet, 99,7 % aller Ergebnisse sind im Toleranzbereich, also brauchbar. Üblicherweise soll der Wert für Cp mindestens 1,33 betragen. Der Toleranzbereich ist dann etwa ein Drittel größer als 6 σ, was einer »Sicherheit« von 33 % entspricht.

Der Kennwert Cp ist aussagefähig, solange die Daten symmetrisch im Toleranzbereich liegen. Wenn der Mittelwert in Richtung des oberen oder unteren Grenzwertes verschoben ist, erhöht sich die Wahrscheinlichkeit, dass unbrauchbare Ergebnisse auftreten, obwohl der Cp-Wert »gut« ist. Für die Beurteilung der Prozessfähigkeit ist dann der Kennwert Cpk (Minimum von Cpu und Cpo) relevant.

$$Cpu = \frac{|\,Xm - UG\,|}{3\,\sigma} \qquad Cpo = \frac{|\,OG - Xm\,|}{3\,\sigma}$$

Mit UG: Unterer Grenzwert, OG: Oberer Grenzwert, Xm: Mittelwert

Als Werkzeug für die Prozessfähigkeitsanalyse steht auf der CD die Freeware »Process Capability Calculator« der Firma Symphony Technologies (www.symphonytech.com) zur Verfügung.

Wenn das Werkzeug »Prozessfähigkeitsanalyse« in der Modulansicht oder der Werkzeugliste erstmals gewählt wird, startet die Installation und das Programm kann anschließend genutzt werden.

Wenn zu späteren Zeitpunkten weitere Analysen durchgeführt werden sollen, muss das Programm direkt geöffnet werden. Die Links in Moduldarstellung und Werkzeugliste führen nicht zum Programm nur zur Installationsroutine.

Für die Analyse der Prozessfähigkeit werden mindestens 25 Werte einer Stichprobe in die Eingabetabelle des Programms eingetragen. Die Daten können manuell eingegeben oder beispielsweise aus Excel kopiert und eingefügt werden. Das Programm wertet die Daten aus und erstellt eine Ausgabe, Abb. 3-21. Dieser sind folgende Informationen zu entnehmen:

1) Häufigkeitsdiagramm der eingegebenen Daten

2) Oberer und unterer Grenzwert, Zielwert (Vorgaben) sowie Anzahl und Mittelwert der Eingabedaten

3) Ergebnisse jenseits der Grenzwerte in ppm (parts per million, Fälle pro Million)

4) Grafische Darstellung der kumulierten Häufigkeit der Daten in logarithmischem Maßstab. Wenn die Daten »normal verteilt« sind (Gauß'sche Normalverteilung) liegen alle Punkte auf der blauen Geraden.

5) Ergebnis eines statistischen Normalverteilungstests als Ergänzung zu 4). Pass: Daten sind normal verteilt. Fail: Daten sind nicht normal verteilt.

6) Anzeige der Prozessfähigkeit Cp und Pp und der Werte CpK und PpK.

Die Unterschiede zwischen Cp und Pp basieren auf der Berechnung der Standardabweichung Ist Dev. Zur Auswertung von Stichprobendaten kann in der Regel der Wert Pp zur Orientierung dienen. Cp wird über den sogenannten »Moving Range« ermittelt.

Nähere Informationen zur Anwendung des Programms und der Ergebnisinterpretation bietet die Hilfefunktion des Programms.

3.5.25 Regression

Was leistet das Werkzeug?

Mit Hilfe der linearen Regression kann der Zusammenhang zwischen einer abhängigen Variablen (Zielgröße) und unabhängigen Einflussfaktoren als lineare mathematische Funktion (Gerade) beschrieben werden.

Wofür ist das Werkzeug nützlich?

Werte der Einflussgröße, die für eine optimierte Zielgröße erforderlich sind, können errechnet oder Werte der Zielgröße für bestimmte Einflussfaktoren vorhergesagt werden (Abb. 3-22).

3.5.26 Statistische Kenngrößen

Was leistet das Werkzeug?

Diese EXCEL-Analysefunktion ermittelt die statistischen Kenngrößen eingegebener Daten.

Wofür ist das Werkzeug nützlich?

Alle relevanten Kenngrößen werden auf einmal bestimmt und angegeben, ohne dass nacheinander mehrere Funktionen aufgerufen werden müssen. Aus den Kenngrößen einer Stichprobe wird auf diejenigen der Grundgesamtheit geschlossen.

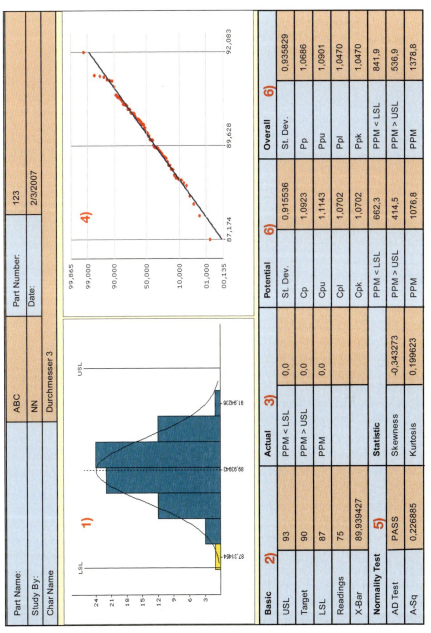

Abb. 3-21: Ergebnisse Prozessfähigkeitsanalyse (Darstellung im Programm »Process Capability Calculator«)

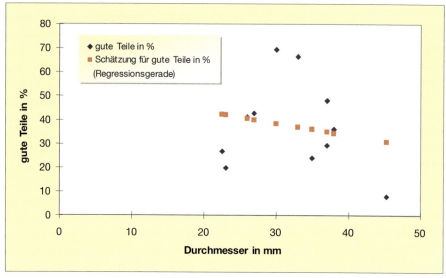

Abb. 3-22: Grafische Darstellung von Regressionsergebnissen

3.5.27 Strichliste/Begleitblatt

Was leistet das Werkzeug?

In Strichlisten/Begleitblättern werden Ursachen für Abweichungen (Störungen, Fehler, Verzögerungen, Rückfragen, ...) oder sonstige Ereignisse durch Aufschreibung der Mitarbeiter dokumentiert.

Strichlisten dienen der Dokumentation von Abweichungen an einem Ort (bswp. Abfüllstation oder Vertriebsbüro) über einen bestimmten Zeitraum (bswp. Schicht, Tag, Woche, ...), (Abb. 3-23).

Begleitblätter dienen bswp. der Erfassung von Durchlaufzeiten, Abweichungsursachen und -folgen (Verzögerungen, zusätzlichen Aufwand, ...) für alle Ablaufereignisse über einen bestimmten Zeitraum, bswp. alle Kundenanfragen, Rechnungen, Rüstvorgänge oder hergestellten Produkte der Sorte XYZ für den Monat Juni. Am Ende dieses Erfassungszeitraums können die Einzelinformationen zusammengefasst und ausgewertet werden (Abb. 3-24).

Wofür ist das Werkzeug nützlich?

Abläufe, zu denen bislang keine Zahlen, Daten und Fakten vorliegen, können mit wenig Aufwand relativ schnell und zuverlässig transparent gemacht werden.

3.5.28 Ursache-Wirkungs-Tabelle

Was leistet das Werkzeug?

Die Ursache-Wirkungs-Tabelle hilft dem Verbesserungsteam, eine erste Einschätzung der Wirkung verschiedener Einflussfaktoren auf die Abweichung vorzunehmen.

Wofür ist das Werkzeug nützlich?

Um die tatsächliche Wirkung von Einflussfaktoren genauer zu untersuchen, sind Datenerhebungen und -auswertungen erforderlich. Der Aufwand hierfür kann dadurch begrenzt werden, dass zunächst nur die Faktoren untersucht werden, die aus Sicht des Teams vermutlich besonders großen Einfluss auf die Abweichung haben, siehe Abb. 5-7.

> **Achtung:** Die Einschätzung des Teams ist dabei wichtig, aber noch kein Beweis.

Bereich:	Abfüllstation	
Aufgabe/Tätigkeit:	Füllen der Cornflakeskartons	
Zeitraum:	19. Mai 2006	
Ausgefüllt von:	Wendy	
Störungsart/Fehlerursache	**Häufigkeit**	**Bemerkungen**
Kartontransport	₩ ₩ ‖	
Metallprüfung	‖‖	
Kein Produkt	₩ ‖	
Versiegelungsstation	‖	
Barcode-Druck	‖‖	
Förderband		
Fehlerhaftes Produkt	₩	Verbrannte Flakes ‖‖ zu geringes Gewicht ‖
Sonstige	‖	

Abb. 3-23: Strichliste (in Anlehnung an Williams; Bertels; Dershin 2007, S. 37)

3.5.29 Verbesserungsvereinbarung

Was leistet das Werkzeug?

Die Verbesserungsvereinbarung fasst alle von den Experten des Teams zusammengetragenen Fakten zur Abweichung, deren aktueller Höhe, den dadurch verursachten Kosten und weiteren Nachteilen in einem Dokument zusammen. Sie enthält auch Abstimmungen über Schwerpunkte, Ziele, mögliche Einsparungen, weitere erwartete Vorteile, die Zusammensetzung des Verbesserungsteams und den Terminplan.

Unterschriften der Prozessverantwortlichen, des verantwortlichen Bearbeiters/Koordinators und evtl. weiterer wichtiger Beteiligter bestätigen die Verbindlichkeit, siehe (Abb. 5-5, Abb. 5-15, Abb. 5-20).

Wofür ist das Werkzeug nützlich?

Die Inhalte der Vereinbarung begünstigen eine sorgfältige und zielgerichtete Ausrichtung der Verbesserungsarbeit und sind die Basis für eine objektive und faire Beurteilung der Ergebnisse. Falls das geplante Vorgehen nicht erfolgreich ist, helfen die Inhalte dem Team bei der Überarbeitung und Neuausrichtung der Aktivitäten.

Aufgabe/Tätigkeit: Kundenanfrage beantworten		Start:	10.12.2006
Gegenstand: Anfrage 3476		Ende:	13.12.2006
Ausgefüllt von: Frau Muster,…		Dauer:	3 Tage

Störungsart/Fehlerursache	Dauer	Bemerkungen
Lagerbestand für Artikel 458.659 am Bildschirm im Menüpunkt »Bestände« nicht einsehbar	3 Tage	Bestandsanzeige im EDV-System außer Funktion; telefonische Anfrage im Lager, Rückmeldung 2 Tage

Abb. 3-24: Begleitblatt

3.5.30 Zeitverlaufsdiagramm

Was leistet das Werkzeug?
Im Zeitverlaufsdiagramm sind der zeitliche Verlauf und die Entwicklung der Abweichung, der Durchschnittswert der Vergangenheitsdaten, Ziel und aktuelle Situation zusammen dargestellt.

Wofür ist das Werkzeug nützlich?
Vergangenheit, Projektauswirkung und die Nachhaltigkeit der ergriffenen Maßnahmen können auf einen Blick erfasst und beurteilt werden (Abb. 5-12, Abb. 5-23).

3.5.31 Zielwertanalyse

Was leistet das Werkzeug?
Mit Hilfe der Zielwertsuche kann bei bekanntem mathematischen Zusammenhang zwischen Zielgröße und Einflussgrößen genau bestimmt werden, welche Werte die Einflussgröße haben muss, damit die Zielgröße einen bestimmten Wert annimmt.

Wofür ist das Werkzeug nützlich?
Die erforderlichen Werte der Einflussgröße für die Erreichung eines Zieles können schnell und ohne »Probieren« bestimmt werden. ▫

4 Anwendungsmöglichkeiten des Leitfadens

Der Leitfaden ist in verschiedenen betrieblichen Situationen nutzbar. Beispielsweise zur

- Umsetzung von Unternehmensvisionen, -strategien und -zielen durch aufeinander abgestimmte Aktivitäten mit breiter Wirkung, in den verschiedensten Ebenen und Bereichen des Unternehmens (koordinierte Aktivitäten),
- gezielten Beseitigung einzelner besonders störender Abweichungen (unkoordinierte Aktivitäten),
- Unterstützung verschiedenster betrieblicher Aktionen und Initiativen,
- Umsetzung strategischer »Leuchtturm-Verbesserungen« zur Motivation.

Der Leitfaden ist für verschiedene Typen von Abweichungen (siehe hierzu auch Abschnitt 2.2) nutzbar. Die Inhalte und Ergebnisse der Arbeitsschritte der Module können dabei sehr unterschiedlich sein, das übergeordnete Prinzip gilt jedoch in allen Fällen. In Abb. 4-1 wird dies in Form einer tabellarischen Zusammenfassung für drei unterschiedliche Fälle beispielartig verdeutlicht.

Beispiel 1: Qualitätsabweichung im Bereich der Fertigung

Beispiel 2: Durchlaufzeit im administrativen Bereich zu lang

Beispiel 3: Herstellkosten aufgrund geänderter Kosten für Zukaufteile zu hoch

Bei der Anwendung des Leitfadens ist zu beachten:

- Der Leitfaden ist in erster Linie gedacht für Abweichungen infolge unbekannter Ursachen.

 Deshalb muss naturgemäß mehr Aufwand betrieben werden, als bei bekannten Ursachen. Dieser Mehraufwand begünstigt jedoch den zielgerichteten Einsatz der Ressourcen.

- Das beschriebene Vorgehen ist eine Maximalvariante. Es müssen nicht immer alle aufgeführten Schritte durchgeführt werden. Teilweise können Schritte übersprungen werden, wenn die Ergebnisse – beispielsweise Messwerte – bereits vorliegen.

- Die bereitgestellten Werkzeuge sind auf eine Mischung typischer Vorhaben abgestimmt. In einem Verbesserungsvorhaben sind i. d. R. nicht alle Werkzeuge anwendbar.

Bestimmte Aufgaben – nicht lineare Modelle erstellen oder statistische Versuchsplanung durchführen etc. – sind mit den beigefügten Werkzeugen nicht durchführbar.

Der Werkzeugkasten ist nur ein Grundstock, der mit wachsenden Erfahrungen bedarfsbezogen ergänzt werden muss.

Für die erfolgreiche Anwendung des Leitfadens sind in jedem Fall folgende Punkte relevant:

- Verantwortliche und Führungskräfte der beteiligten Bereiche initiieren die Verbesserung und treiben sie persönlich oder in enger Zusammenarbeit mit einem Bearbeiter/Koordinator voran.

- Für die Bearbeitung ist ein realistischer und der Bedeutung der geplanten Verbesserung angemessener Zeitanteil – z. B. je Woche – vorgesehen.

- Ein Team mit Experten aus allen vom Vorhaben betroffenen Bereichen unterstützt die Verbesserungsarbeit.

- Alle Mitarbeiter werden per Aushang oder Präsentation regelmäßig über die geplante Verbesserung, den Stand der Arbeiten sowie die aktuellen Werte der eingeführten Kennzahlen und Messgrößen informiert.

- Maßnahmen gegen die ermittelten Ursachen der Abweichungen werden dauerhaft in Form neuer Arbeits- und Prozessstandards etabliert.

- Auch nach erfolgreicher Verbesserung werden Kennzahlen dauerhaft weiter überwacht. □

		Beispiel 1 Ausschussanteil infolge mangelnder Oberflächengüte bei Teilefamilie A senken	Beispiel 2 Durchlaufzeit (DLZ) der Lieferantenrechnungen senken	Beispiel 3 Kosten für Fertigteile (Zukauf) von Produkt B senken
Verbesserung planen u. vereinbaren	Abweichung definieren	bereits definiert Rauhtiefe > 25 µm, wird automatisch gemessen u. sortiert	DLZ > 3 Tage (Datum Posteingang bis Kontobelastung)	Kosten um 10% überschritten wegen Rohstoffpreisanstieg
	Abweichung gemessen?	»Ja« Messwerte liegen über Jahre vor, durchschnittlicher Ausschuss d. letzten Jahres 3,6%	Daten für Eingang und Belastung vorhanden aber nicht ausgewertet –> 10% mit DLZ > 3 Tage	»Ja« Materialkosten über Controlling verfügbar
	Unternehmensabläufe und Einflussfaktoren einkreisen, welche die Abweichung verursachen könnten	Einkauf (Materialspezifikation) u. Schleiferei (Schleifmittel u. Maschinenparameter)	Poststelle u Buchhaltung (Liege- u. Bearb.zeiten), Wareneingang (WE) (Prüfzeiten)	Einkauf (Lieferantenwahl), Konstruktion (Materialmenge und Fertigungsaufwand)
	Umfang, Ziele und Organisation der Verbesserungsaktivitäten planen	Ziel 1 %	Ziel nur 2 % > DLZ 3 Tage	Ziel 0 %
	Erfolgschancen und Risiken prüfen	Alle wichtigen Personen informiert und eingebunden? Können Akteure die Ursachen beeinflussen?	Alle wichtigen Personen informiert und eingebunden? Können Akteure die Ursachen beeinflussen?	Alle wichtigen Personen informiert und eingebunden? Können Akteure die Ursachen beeinflussen?
	Verbesserungsvereinbarung abschließen	Ausgefüllte Vereinbarung unterzeichnen	Ausgefüllte Vereinbarung unterzeichnen	Ausgefüllte Vereinbarung unterzeichnen
Fakten und Daten erfassen	Ablaufdiagramm erstellen und Faktoren bestimmen, deren Einfluss untersucht werden soll	Einkauf (Legierung, Lieferant,...) Schleiferei (Werkzeug A, B, C u. Schleifgeschwindigkeit)	Produkt, Preis, Lieferant, WE- Prüfung ja/nein, Rücksprache mit Lieferant erforderlich ja/nein	ohne Diagramm: konstruktive Lösung, Lieferant, Vertragsbedingungen, ggf. eigene Fertigung
	Gibt es bereits auswertbare Daten?	zur Abweichung ja zu den Faktoren nein	»Ja« zu Preis, WE-Prfg. etc. »Nein« zu Rücksprachen und deren Ursachen	»Ja« Materialkosten gesamt und in Form der Einzelteilpreise erfasst
	Regelmäßige Messung der Abweichung einrichten und Messung der Einflussfaktoren (EF) planen	Messung der Abweichung besteht Messung der EF planen	»Begleitblatt« zu Rücksprache- ursachen u. -dauer vorbereiten	nicht erforderlich Daten liegen vor
	Messsystem zuverlässig (fähig)?	»Ja« (vor einer Woche bestätigt)	Einträge im Begleitblatt sporadisch prüfen	»Ja« Fähigkeit des Kostenrechnungssystems geprüft
	Daten zur Abweichung und den Einflussfaktoren wie geplant erfassen	für versch. Mat.spez. Spannvorrichtungen, Schleifgeschwindigkeit	6-wöchige Aufschreibung (Begleitblatt für jede Rechnung)	nicht erforderlich Daten liegen vor

Abb. 4-1: Inhalte und Ergebnisse der Arbeitsschritte bei unterschiedlichen Verbesserungsvorhaben (Teil 1)

		Beispiel 1 Ausschussanteil infolge mangelnder Oberflächengüte bei Teilefamilie A senken	Beispiel 2 Durchlaufzeit (DLZ) der Lieferantenrechnungen senken	Beispiel 3 Kosten für Fertigteile (Zukauf) von Produkt B senken
Ursachen für die Abweichung erkennen	Abweichung und deren Schwankungen darstellen und untersuchen	Zeitverlaufsdiagramm liegt vor, Medianzyklusdiagramm zeigt nur zufallsbedingte Schwankung	Zeitverlaufs- und Medianzyklusdiagramm aus alten Daten erstellen	liegt vor, kontinuierlicher Anstieg seit 15 Monaten
	Zusammenhang von Abweichung u. gemessenen Einflussfaktoren darstellen und untersuchen	Einfluss von Spannvorr. und Schleifgeschwindigkeit im Kastendiagramm erkennbar	Kastendiagramme aus Aufschreibung --> WE-Prfg. und Rücksprachen beeinflussen DLZ stark	Paretodiagramm für Preise der Fertigteile erstellen
	Faktoren mit dem größten Einfluss auf die Abweichung bestimmen	aus Kastendiagramm --> Vorrichtung 1 besser als 2; aus T-Test --> Geschwindigkeit wichtig	siehe oben	»Kostentreiber« ablesen aus Pareto 5 von 16 Teilen verursachen 70 % der Kosten
Ursachen entkräften u. Erfolg kontrollieren	Wirkungsweise der wichtigsten Einflussfaktoren untersuchen	Abweichung bei Schleifgeschwindigkeiten 60, 70, 80, 90 m/s messen	20 % der Rechnungen haben WE-Prfg. davon 45% mit DLZ > 3 Tage; 3 % der Rechnungen mit Rücksprache davon 95 % mit DLZ > 3 Tage	Kostensenkung möglich durch Lieferantenwechsel (2 x), Eigenfertigung statt Zukauf (1x), Konstruktive Änderung (2x)
	Zielwert erreichbar?	mit Vorrichtung 1 und 80 m/s vorauss. 0,5 % erreichbar	»Ja«, wenn Verzögerungen durch WE-Prüfung beseitigt werden könnten	durch o. g. Maßnahmen ad hoc 2 % Überschreitung erreichbar
	Maßnahmen planen und umsetzen	weitere Vorr. Typ 1 beschaffen, Typ 2 ausmustern, NC-Programme anpassen, Mitarbeiter schulen	tägliche Prioritätsliste für WE-Prfg., 2. Prüfplatz f. komplexe Prfg. und Mitarbeiterschulungen dafür, vermehrt Prfg. durch Lieferanten	Lieferanten wechseln (2x), Konstruktion ändern (2x), Umstellung auf Eigenfertigung (1x)
	Nachhaltigkeit durch Einführung von Standards und Kontrollen absichern	Visualisierung des Ausschusses, unangekündigte interne Audits, Zielvereinbarung	Visualisierung der Vortagesquote, unangekündigte interne Audits	Fortführung der Kostenkontrolle

Ergebnisse des Schrittes liegen bereits vor

Schritt muss bearbeitet werden

Abb. 4-2: Inhalte und Ergebnisse bei unterschiedlichen Verbesserungsvorhaben (Teil 2)

5 Praxisbeispiele

Der Leitfaden und seine Elemente wurden in einem Firmenzirkel mit interessierten Mitgliedsunternehmen des Unternehmensverbands Westfalen Mitte erprobt. Die Unternehmen haben hierzu konkrete Verbesserungsaktivitäten definiert und Verantwortliche für die Durchführung benannt. Diese Bearbeiter wurden im Rahmen des Firmenzirkels mit dem Leitfaden vertraut gemacht und konnten ihre Anwendungserfahrungen untereinander austauschen.

Zu jedem der vier Arbeitsschritte wurden Vorgehen und Werkzeuge detailliert vermittelt und anschließend von den Bearbeitern im eigenen Verbesserungsvorhaben genutzt. Hierzu waren jeweils vier bis sechs Wochen Zeit. Dann folgte das nächste Treffen mit der Vorstellung der bisherigen Ergebnisse, Erfahrungsaustausch und der Einweisung in den folgenden Arbeitsschritt.

Alle im Folgenden beschriebenen Verbesserungsaktivitäten wurden innerhalb von etwa vier bis sechs Monaten abgeschlossen. Vertiefende Informationen zu Arbeitsschritten und Werkzeugen enthalten die Abschnitte 3.4 und 3.5.

5.1 FWB Brökelmann Aluminium
von Holger Bart

Das Unternehmen FWB Brökelmann Aluminium ist seit der Gründung durch Friedrich Wilhelm Ottilius Brökelmann im Jahre 1910 in der Aluminiumverarbeitung tätig. Der Geschäftsbereich für Strangpresserzeugnisse besteht bereits seit Beginn der 60er Jahre und ist heute mit einem mehrfach grundlegend modernisierten Maschinenpark für die hohen Anforderungen der Kunden bestens gerüstet.

300 Mitarbeiter erzeugen jährlich ca. 22.000 t Strangpressprofile und erzielen damit einen Umsatz von ca. 80 Mio. Euro. Für die Strangpresserzeugnisse bestehen umfangreiche CNC-gestützte Möglichkeiten der Weiterverarbeitung.

Um Kosten zu reduzieren, hat das Unternehmen im Firmenzirkel eine deutliche Senkung des Ausschusses maßgesägter Teile vorangetrieben.

5.1.1 Verbesserung planen und vereinbaren

In einer Fertigungsinsel, die aus vier Anlagen besteht, werden Aluminiumprofile gesägt. Ausgangsmaterial sind 4-6 m lange, vom Presswerk angelieferte, Strangpress-Profile, Abb. 5-1. Hieraus werden Abschnitte mit Längen von etwa 30 bis 90 mm gesägt, die Ausgangsmaterial für Vibrations- und Schwingungsdämpfer für den Automobilbau sind. Nach dem Sägen werden die Teile nach Bedarf gebürstet, automatisch auf Länge vermessen und – falls die Längentoleranz nicht eingehalten wird – automatisch aussortiert. Die guten Teile

Abb. 5-1: Aluminium-Strangpressprofile als Ausgangsmaterial für die Herstellung ge-sägter Profilstücke

Abb. 5-2: Gesägte Profilstücke als Bestandteile von Vibrations- und Schwingungsdämpfern für die Auto-mobilindustrie

gelangen als Schüttgut in Gitterboxen oder Kundenbehälter. Die zulässigen Längentoleranzen betragen 0,15 bis 0,4 mm, Abb. 5-2. Neben den gezeigten rohrförmigen Querschnitten können die Profile verschiedenste Querschnitts-formen aufweisen.

Bei der Planung lagen bereits ausführliche Messergebnisse aus den automati-sierten Messstationen, die jedes Werkstück nach dem Sägen vermessen, vor. Jährlich werden ca. 16 Mio. Abschnitte gesägt. Etwa 276.000 dieser Werkstü-cke liegen nicht im Rahmen der vorgegebenen Längentoleranzen und sind deshalb unbrauchbar. Die durchschnittliche Ausschussquote beträgt etwa 1,7 %, Abb. 5-3.

Als Verbesserungsziel wurde vereinbart, die Ausschussmenge zu halbieren. Bei durchschnittlichen Kosten je Fertigungsteil – einschließlich der Herstel-lung des Vormaterials im Presswerk – von etwa 0,23 € beträgt das jährliche Einsparpotenzial ca. 32.000 €. Materialkosten sind hierin nicht berücksichtigt, weil der Ausschuss überwiegend wieder genutzt werden kann.

Bei Erreichung des Ziels würden darüber hinaus jährlich ca. 190 Stunden Ma-schinenkapazität gewonnen, für die bei starker Nachfrage und Auslastung hoher Bedarf besteht.

Eine erste Ablauf-Grobdarstellung diente dazu, wesentliche Ablaufschritte, mit ihren Ein- und Ausgangsgrößen (sowie deren Kunden und Lieferanten) für die weitere Planung zu veranschaulichen und erste Schwerpunkte für die Ver-besserungsarbeit festzulegen, Abb. 5-4. Die Einschätzung des Teams war, den Schwerpunkt auf den Schritt »Profilabschnitte sägen« zu legen.

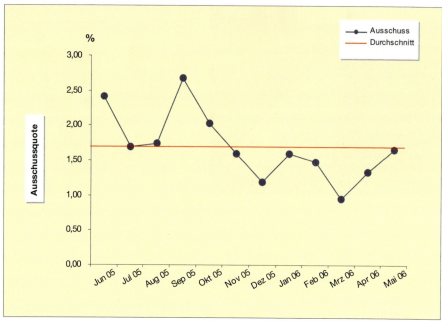

Abb. 5-3: Ausschussanteile von Juni 2005 bis Mai 2006

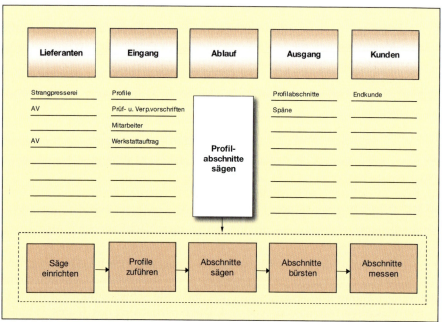

Abb. 5-4: Ablauf-Grobdarstellung

Verbesserungsvereinbarung

1. Gegenstand/Inhalt:
Ausschussanteil beim Sägen von Profilabschnitten senken

2. Abweichung:
Länge gesägter Profilabschnitte liegt nicht im vom Kunden vorgegebenen Toleranzbereich.
Alle gesägten Teile werden automatisch vermessen und fehlerhafte aussortiert.
Die Abweichung wird in % der gesägten Teile bestimmt.

3. Aktueller Wert der Abweichung:
Jährlich werden ca. 16 Mio. Profilabschnitte gesägt.
Etwa 276.000 dieser Werkstücke liegen nicht im Rahmen der vorgegebenen Längentoleranzen.
Die durchschnittliche Ausschussquote beträgt somit etwa 1,7 %.

Geschätzte Kosten:
- ca. 0,23 € Bearbeitungskosten je Teil → ca. 64.000 €/Jahr

4. Verbesserungsumfang (ggf. was gehört dazu, was nicht?):
Ursachenuntersuchung an den Sägen und Messstationen, Vormaterialproduktion ausgenommen

5. Ziel, angestrebte Verbesserungen und Organisation:
Reduzierung der Ausschussquote um die Hälfte auf 0,85 %

Ersparnis/Nutzen:
Jährliche Ersparnis 32.000 €, ca. 190 Std. zusätzliche Maschinenkapazität

Organisation:

Kunde:	Linie 3
Prozesseigner:	Linienleiter
Bearbeiter/Koordinator:	Herr Bart, QS

Team:

Sägenbediener	Hr. NN	Liniensteuerung	Hr. NN
QS	Hr. NN	Instandhaltung	Hr. NN

Ecktermine/Meilensteine:

Verbesserung planen und vereinbaren	10.08.2006
Fakten und Daten ermitteln	21.09.2006
Ursachen für Abweichungen erkennen	30.11.2006
Ursachen entkräften, Erfolg kontrollieren	30.01.2007

Bearbeiter/Koordinator
(Name) (Datum – Unterschrift)

Prozesseigner
(Name) (Datum – Unterschrift)

evtl. weitere ...
(Name) (Datum – Unterschrift)

Abb. 5-5: Verbesserungsvereinbarung

Mitwirkende im Verbesserungsteam sind Sägenbediener, Mitarbeiter der Qualitätssicherung, Liniensteuerer, Linienleiter (zur Info) und Instandhalter. Die Zusammenfassung des Arbeitsschrittes »Verbesserung planen und vereinbaren« ist der Verbesserungsvereinbarung in Abb. 5-5 zu entnehmen.

Abb. 5-6: Ablaufdiagramm

5.1.2 Fakten und Daten erfassen

Das bereits im vorigen Arbeitsschritt begonnene Ablauf-Grobdiagramm wurde vom Verbesserungsteam weiter ausgearbeitet und verfeinert, Abb. 5-6. Die Erstellung dieses Diagramms entspricht einem Brainstorming, dessen Ergebnis alle aus Sicht des Teams wichtigen Ablaufschritte sowie Ein- und Ausgangsgrößen als Grundlage für die weitere Arbeit enthält. Auf eine detaillierte Einbeziehung der Kunden und Lieferanten in das Diagramm hat das Team verzichtet. Unter den zahlreichen Ein- und Ausgangsgrößen wurden die aus Sicht des Teams wahrscheinlichsten Ursachen für den Ausschuss mit Hilfe einer Ursache-

Gewichtung		eingerichtete Säge (10)	In der Säge positionierte Profilstange (9)	Kapp- und Reststück (5)	Sägespäne (10)	Summe
Ablauf-(schritt)	**Eingangsgrößen**					
Säge/einrichten	Längenmaß	0	0	4	0	20
	Mitarbeiter	10	10	6	1	230
	Werkzeug	4	0	0	0	40
	Profilstange	4	8	7	8	227
	Einstellmeister	10	0	1	0	105
	Sägeblatt	9	0	3	6	165
	Absaugung	0	0	0	10	100
	Verpackungsvorschrift	0	0	0	0	0
	Bürsten	0	0	0	0	0
	Greiferbacken	5	4	4	0	106
						0
Profil greifen und in die Säge einfahren	Greifer in Startposition	4	10	9	0	175
	positionierte Profilstange	5	10	8	0	180
	Greifer schließen	4	10	10	0	180
	Druck im Klemm- u. Vorschiebezylinder	4	10	10	0	180
	Profil in die Säge einfahren	4	10	10	0	180
	Reibung an den Spannbacken des Spannstockes	10	10	10	0	240
	Profilstange	7	10	6	2	210
						0
Profile absägen	Spannbacken	9	3	1	0	122
	Sägeöl	0	0	1	2	25
	Sägeblatt	10	0	7	10	235
	Sägekopf fährt vor Vorschubgeschwindigkeit)	0	0	1	2	25
	Sägekopf fährt zurück	0	0	0	0	0
	Drehzahl der Sägeblattes	0	0	1	1	15
	Absaugung	6	0	4	10	180
	Druck (zum Spannen des Profiles)	0	0	2	0	10
	Sägekopf fährt vor (Sägeweg)	2	0	4	0	40
						0
Profilabschnitt weitertransportieren	Profilrutsche	3	0	0	0	30
	Transportband (zum Quertransport)	2	0	0	0	20
	Querschieber	4	0	0	0	40
						0
Profilabschnitt bürsten	Transporteinheiten (Bänder, Antriebe usw.)	4	0	0	0	40
	Bürsteinheiten	0	0	0	0	0
	Absaugung	0	0	0	0	0
	Bürstdauer Transportbandgeschwindigkeit	0	0	0	0	0
	Bürstgeschwindigkeit	0	0	0	0	0
Übergabe zur Längenmesstechnik und Längenmessung	Übergabe (Greifer, Lineareinheit usw.)	0	0	0	0	0
	Messtechnik	4	0	0	0	40
	Auswerfer (Gut-Schlecht)	0	0	0	0	0
	Tranportband	0	0	0	0	0

Abb. 5-7: Ursache-Wirkungstabelle

Wirkungstabelle ermittelt. In dieser schätzt das Team den Einfluss der Ausgangsgrößen des Ablaufdiagramms auf den Ausschuss (1 sehr gering, 10 sehr hoch) und trägt die Ergebnisse in der Zeile »Gewichtung« ein. In gleicher Weise wird der Einfluss der Eingangsgrößen auf die Ausgangsgrößen geschätzt und in die Felder der Tabelle eingetragen. Multipliziert mit der jeweiligen Gewichtung und zeilenweise addiert ergibt sich ein Gesamtwert je Eingangsgröße. Je höher dieser Wert, desto stärker der vermutete Einfluss auf die Abweichung.

Mehr Informationen zu diesem Werkzeug und seiner Anwendung sind in Kapitel 3.5 und dem Tabellenblatt »Beschreibung und Anwendung« des Werkzeugs »Ursache-Wirkungstabelle« festgehalten.

Die vollständig ausgefüllte Ursache-Wirkungstabelle ist in Abb. 5-7 dargestellt. Ausgangsgrößen der Ablaufschritte in Abb. 5-6, die nicht in den Spalten der Tabelle eingetragen sind, haben aus Sicht des Teams keinen Einfluss auf die Abweichung (Gewichtung 0). Einige Eingangsgrößen tauchen in dieser Darstellung mehrfach auf, weil sie vom Team mehreren Prozessschritten zugeordnet wurden.

Das Verbesserungsteam hat folgende Einflussgrößen ausgewählt, deren Einfluss auf die Ausschussquote weiter gemessen und genauer untersucht werden soll:

- Profilstange
- Sägeblatt
- Absaugung an der Säge
- Vorschubmechanik in der Säge (Spann- und Greiferbacken sowie andere Elemente)

Die Bewertung des Teams zu diesem Zeitpunkt sagt jedoch noch nichts darüber aus, ob diese vermeintlichen Ursachen auch tatsächlich den vermuteten Einfluss haben. Dies kann erst durch die Auswertung der Messergebnisse bestätigt werden.

Später stellte sich heraus, dass letztlich ganz andere Faktoren – deren Einfluss zunächst unterschätzt wurde – den größten Einfluss auf die Ausschussquote hatten.

5.1.3 Ursachen für die Abweichung erkennen

In diesem Arbeitsschritt wurde systematisch überprüft, ob die vermuteten Ursachen auch tatsächlich einen wesentlichen Beitrag zur Entstehung des Ausschusses leisten.

Obwohl das Vormaterial (Profilstangen) bei der Planung aus dem Untersuchungsumfang ausgenommen war, wurde es nach der unter Abschnitt 5.1.2

beschriebenen Einschätzung der Einflussfaktoren wieder in die Untersuchungen mit einbezogen. Hierzu wurden Profilstangen unterschiedlich stark verbogen und anschließend gesägt, wobei der Schrottanteil mit zunehmender Durchbiegung anstieg. Die aktuellen Kontrollen im Strangpressbereich würden Vormaterial mit solch kritischen Durchbiegungen jedoch sicher aussortieren.

Um den Einfluss des Sägeblattes zu testen, wurden an zwei Sägen, jeweils für einen Zeitraum von zwei Wochen nur neue oder nur nachgeschliffene Blätter eingesetzt und die jeweiligen Arbeitsergebnisse dokumentiert. Die Auswertung der Schrottanteile während dieser Testphase ließ keine eindeutig gesicherten Zusammenhänge zwischen dem Zustand der Sägeblätter und dem Ausschussanteil erkennen. Darüber hinaus ergab die Auswertung u. a. Hinweise darauf, dass

- die niedrigsten Ausschussraten in der Nachtschicht auftreten und
- die Ausschussraten von Säge 2 tendenziell niedriger sind als die von Säge 1.

Die erfassten Daten wurden grafisch interaktiv in einem Pivotdiagramm dargestellt und untersucht. Die Ergebnisse einer der Untersuchungen sind in Abb. 5-8 dargestellt.

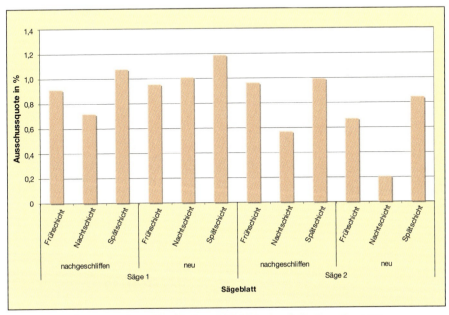

Abb. 5-8: Einfluss von Säge, Sägeblatt und Schichtart auf die Ausschussrate

Weitere Faktoren, die in Verbindung mit dem Sägeblatt stehen, wie die Einsatzdauer der Sägeblätter, Nachschleifhäufigkeit etc., wurden zunächst nicht berücksichtigt.

Eine weitere mögliche Einflussgröße war nach Einschätzung des Teams die Absaugung. Diese könnte den Ablauf beeinflussen, weil Späne in Spann- oder Messvorrichtungen zu erhöhtem Ausschuss führen könnten. Um den Einfluss der Absaugung zu testen, wurde diese beim Sägen unter sonst gleichen Bedingungen vorübergehend abgeschaltet. Dabei ließ sich kein eindeutiger Einfluss der Absaugung auf die Maße gesägter Teile oder Schrottanteile feststellen. Als Auswertungsbeispiel sind in Abb. 5-9 Minima, Maxima, Mittelwerte und Mediane von jeweils 50 Werkstücken aus dem gleichen Profil, die einmal mit und einmal ohne Absaugung gesägt wurden, als Kastendiagramm (Boxplot) dargestellt. Eindeutige Unterschiede sind nicht zu erkennen.

Die Einflussgröße Vorschubmechanik ist relativ komplex und umfasst viele Unterfaktoren, deren systematische Analyse aufwändig ist. Die Untersuchung des Einflusses der Vorschubmechanik auf den Ausschussanteil wurde deshalb zunächst zurückgestellt.

Auch den Einfluss des Sägeblattvorschubes hat das Team untersucht. Dabei war zu erkennen, dass der Ausschussanteil mit zunehmendem Vorschub steigt. Da eine Reduzierung des Vorschubes jedoch auch die Ausbringung

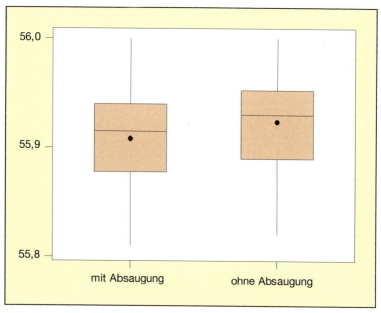

Abb. 5-9: Kastendiagramme von je 50 Teilen mit und ohne Absaugung gesägt

Prüfmittelfähigkeitsuntersuchung

Verfahren 1 (Fähigkeitsindex Cg; Cgk)

Prüfmittel: Längenmesstechnik 1 (34407)
Normal (Ist-Wert): 59,76 Normal-Nr.:
Prüfbedingungen:

Säge 1
Prüfmittel-Nr.: 100/1043
Merkmal:
Temperatur:

Teil	Messwert	Teil	Messwert	Teil	Messwert	Teil	Messwert	Teil	Messwert
1	59,694	11	59,699	21	59,707	31	59,707	41	59,709
2	59,692	12	59,709	22	59,710	32	59,709	42	59,709
3	59,700	13	59,714	23	59,692	33	59,708	43	59,708
4	59,696	14	59,713	24	59,694	34	59,687	44	59,711
5	59,697	15	59,716	25	59,693	35	59,693	45	59,712
6	59,716	16	59,715	26	59,699	36	59,688	46	59,712
7	59,703	17	59,705	27	59,696	37	59,693	47	59,709
8	59,704	18	59,705	28	59,705	38	59,688	48	59,713
9	59,711	19	59,706	29	59,708	39	59,707	49	59,714
10	59,705	20	59,705	30	59,710	40	59,708	50	59,714

Auflösung:
Spezifikation:
Einheit der Messwerte: mm
Toleranzbreite: 0,15
Normalgröße:
X - quer: 59,7044
Standardabweichung: 0,00813
R - quer: 0,012990

Cg 0,92239 n.i.O

$$Cg = \frac{0,2 \times \text{Toleranzbreite}}{4 \text{ Standardabweichung}}$$

Entscheidung: n.i.O.

Abb. 5-10: Mess-System-Analyse für automatisch gemessene quantitative Daten

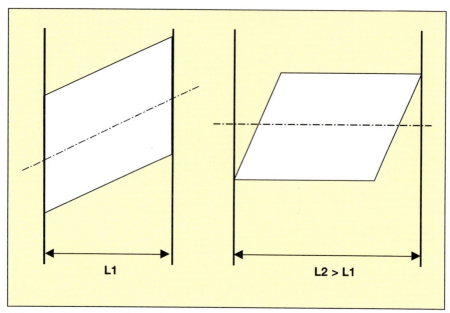

Abb. 5-11: Gemessene Längen beim manuellen und automatisierten Messen (übertriebene Darstellung)

senkt und bei den aktuell genutzten Vorschüben noch kein Anstieg erkennbar war, blieben die Vorschubgeschwindigkeiten unverändert.

Eine Mess-System-Analyse (MSA) der automatisierten Messeinrichtungen hat ergeben, dass sie für die erforderlichen Prüfungen nur bedingt fähig sind. Hierzu wurden Werkstücke bekannter Länge in den automatisierten Messeinrichtungen jeweils fünfzigmal hintereinander gemessen und die Abweichungen dieser Messungen untereinander sowie vom tatsächlichen Maß untersucht. Als zulässige Toleranzen wurden 0,15 mm, 0,2 mm und 0,3 mm zugrunde gelegt. Dabei war die Abweichung der gemessenen Werte (Variabilität des Meßsystems) so groß, dass – vor allem bei kleinen Toleranzen – Werkstücke nicht mehr sicher als »In Ordnung« (I. O.) oder »Nicht in Ordnung« (N. I.O.) eingestuft werden konnten. Ein Analyseergebnis ist in Abb. 5-10 dargestellt (Cg<1,33 bedeutet: System nicht fähig).

Von den Messstationen als N.I.O. aussortierte Teile wurden daraufhin manuell nachgemessen und dabei wurde festgestellt, dass etwa 40% dieser Teile I. O. waren und überwiegend an der oberen Toleranzgrenze lagen, also wegen vermeintlicher Maßüberschreitung ausgesondert wurden.

Ein systematischer Vergleich der Ergebnisse automatisierter und manueller Messungen ergab, für manuelle Messungen am gleichen Werkstück in der Regel kleinere Längenwerte als für automatisierte Messungen.

Hierfür wurde folgende Erklärung gefunden:

Die Schnittflächen der gesägten Abschnitte sind nicht 100 % parallel zueinander, sondern weisen – im Rahmen der zulässigen Form- und Lagetoleranzen – Parallelitätsabweichungen auf, die Ursache der unterschiedlichen Messergebnisse sein können. Die Parallelitätsabweichungen können bewirken, dass das Werkstück – übertrieben formuliert – wie ein Parallelogramm aussieht. Beim manuellen Messen richten sich die Messflächen des Messschiebers an den Schnittflächen des Werkstücks aus. Beim automatischen Messen werden die Werkstücke zunächst von einem Niederhalter in einem Prisma gespannt. Dann fahren die Messflächen im rechten Winkel zur Werkstücklängsachse gegen das Werkstück. Im Extremfall wird dann nicht genau das Maß zwischen den Schnittflächen, sondern zwischen den äußersten Punkten des Werkstückes ermittelt, Abb. 5-11. Für die Funktion des fertigen Bauteiles und die weitere Verarbeitung beim Kunden ist jedoch das Maß zwischen den Schnittflächen relevant.

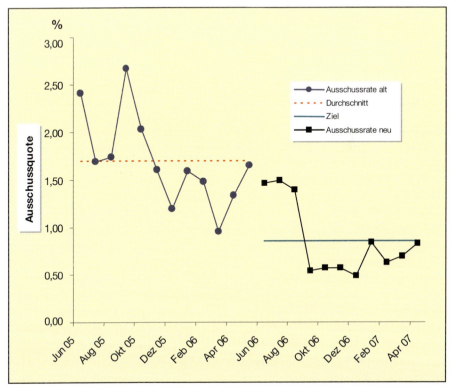

Abb. 5-12: Entwicklung der Ausschussquote

5.1.4 Ursachen entkräften und Erfolg kontrollieren

Als Folge der beschriebenen Auswertungsergebnisse wurden zunächst nur Maßnahmen an den automatisierten Messstationen umgesetzt. Der probeweise Ausbau der Niederhalter, welche die Werkstücke vor dem Messen im Aufnahmeprisma klemmen, bewirkte, dass sich die Abschnitte in den Messstationen – ähnlich wie bei der Handmessung – an den Messflächen ausrichten können. Hierdurch konnte eine Angleichung der manuell und automatisiert gemessenen Längen erreicht werden. Als zweite Maßnahme wurden darüber hinaus an einer Anlage die Messköpfe gewechselt, da sich hier recht häufig Teile verklemmt haben.

Seit Umsetzung dieser Maßnahmen ist der Schrottanteil deutlich gesunken und der angestrebte Zielwert konnte unterschritten werden, Abb. 5-12.

5.1.5 Fazit

Die vereinbarten Ziele, Einsparungen und Verbesserungen wurden im vollem Umfang erreicht. Die gemeinsame Arbeit im Team lieferte rasch ein umfassendes Bild möglicher Einflussfaktoren. Für alle Beteiligten war es jedoch eine große Überraschung, dass die vermuteten Ursachen eigentlich keine große Rolle gespielt haben. Das haben die Teammitglieder nicht für möglich gehalten. Ohne die angewandte systematische Vorgehensweise wäre die wahre Abweichungsursache vermutlich nicht erkannt worden.

5.2 Infineon Technologies AG

von Harald Nübel und Ottmar Wette

Infineon Technologies bietet Halbleiter- und Systemlösungen, die drei zentrale Herausforderungen der modernen Gesellschaft adressieren: Energieeffizienz, Mobilität sowie Sicherheit. Mit weltweit rund 42.000 Mitarbeitern (davon etwa 12.000 Mitarbeiter bei Qimonda) erzielte Infineon im Geschäftsjahr 2006 (Ende September) einen Umsatz von 7,9 Milliarden Euro (davon 3,8 Milliarden Euro von Qimonda).

Der Standort Warstein gehört innerhalb von Infineon zu dem Geschäftsbereich Automobil-, Industrieelektronik und Multimarket (AIM). Hier sind ca. 1000 Mitarbeiter tätig. Es werden Leistungshalbleiter-Module entwickelt und produziert. Leistungshalbleiter werden eingesetzt, um große Stromenergiemengen zu steuern bzw. zu regeln. Anwendungsgebiete sind unter anderem industrielle Antriebe und Automation, Traktion, Energieübertragung, Regenerative Energieversorgung, Medizintechnik, unterbrechungsfreie Stromversorgungen bis hin zu Automobil- und Haushaltsanwendungen.

Im Firmenzirkel hat das Unternehmen innerhalb des Geschäftsbereiches AIM am Standort Warstein eine deutliche Reduzierung der Herstellkosten von Produkten des Bereichs STA (Stack Assemblies) erfolgreich verfolgt.

5.2.1 Verbesserung planen und vereinbaren

Der Bereich STA beschäftigt sich mit dem Design und der Produktion von Stromrichtern mit Leistungshalbleitern. Zum Einsatz kommen hier die konzerneigenen Leistungshalbleiter (im Folgenden Bauelemente genannt) wie IGBT- Module, Thyristoren und Dioden. Der Umfang der Stromrichter umfasst die Leistungshalbleiter, das Kühlsystem, die Stromschienen und elektronischen Baugruppen wie die Ansteuerelektronik, Schutzelektronik und Überwachungselektronik. Neben den logistischen Prozessen umfasst die Produktion auch die Montage und die Endprüfung der Produkte. In Abb. 5-13 sind einige Produktbeispiele dargestellt.

Der Produktbereich ist seit einigen Jahren am Markt und bildet einen Schwerpunkt des Geschäftsbereiches. Bedingt durch gestiegene Materialaufwendungen infolge erheblich gestiegener Rohstoffkosten und intensiven Wettbewerbs ist der Ertrag rückläufig. Um diese Situation nachhaltig und systematisch zu verbessern, wurden Aktivitäten zur Reduzierung der Herstellkosten gestartet. Ein erhoffter Nebeneffekt war dabei, einige der Ergebnisse auch auf andere Produkte zu übertragen.

Abb. 5-13: Produktbeispiele des Bereiches STA

Abb. 5-14: Ablauf-Grobdarstellung mit Arbeitsschwerpunkten

Zunächst wurde die aktuelle Gesamtkostenstruktur betrachtet, zu beeinflussende Kostenelemente gewählt und für diese entsprechende Ziele abgeleitet. Der Focus zur Kostenreduzierung wurde dabei auf die Materialkosten und die Prozesszeiten, welche wiederum die Personalkosten in der Montage direkt beeinflussen, gelegt.

Die Overheadkosten sowie die Kosten der Bauelemente aus anderen Konzernbereichen wurden nicht berücksichtigt, weil diese im Rahmen kurzfristiger und lokaler Aktivitäten mit überschaubarem Umfang nicht beeinflussbar waren.

In der Ablauf-Grobdarstellung in Abb. 5-14 sind infolge dieser Überlegungen die Teilabläufe Materialbeschaffung und Montage als Arbeitsschwerpunkte hervorgehoben.

Kunden der Verbesserungsaktivitäten sind Vertrieb und Endkunde. Die Prozesseigner sind seitens der Fertigung der Linienleiter und der Prüffeldleiter. Außerdem ist die Konstruktionsleitung involviert.

Das Verbesserungsteam setzte sich aus Mitarbeitern folgender Geschäftsbereiche zusammen:

- Konstruktion (Leitung)
- Entwicklung
- Fertigung
- Materialwirtschaft
- Einkauf und
- Controlling

Verbesserungsvereinbarung

1. Gegenstand/Inhalt
Herstellungskostenreduzierung Produkt X

2. Abweichung:
EBIT zu gering (Kostendruck am Markt)

3. Aktueller Wert der Abweichung:
Marge für Kompensation von Rohmaterialkostenanstieg und Preisverfall um X % zu gering.
Kosten der Abweichung
- XXX € Mindereinnahmen

4. Verbesserungsumfang (Ablaufschritte, s. Anlage Ablauf-Grobdarstellung):
Nicht betrachtet werden die Overheadkosten und interner Zukauf

- Analyse des Fertigungsprozess/-zeit
- Optimierungsmaßnahmen ermitteln und umsetzen

- Paretoanalyse der Materialkosten
- Alternativen prüfen (Lieferant/Design) und umsetzen
- Losgrößen und Lieferbedingungen prüfen

  ▶ Umfang: Konstruktion, Beschaffung und Montage

5. Ziel, angestrebte Verbesserungen und Organisation:
Reduzierung der Fertigungskosten um X %
Reduzierung der Materialkosten um X %

Organisation:

Kunde:	Sales, Marketing, Endkunde
Prozesseigner:	Linienleiter
Bearbeiter/Koordinator	Herren NN

Team:

1. Konstruktion	NN	5. Einkauf	NN
2. Entwicklung	NN	6. Controlling	NN
3. Fertigung	NN	7.	
4. Materialwirtschaft	NN	8.	

Ecktermine/Meilensteine:

Verbesserung planen u. vereinbaren	30.06.2006
Fakten und Daten ermitteln	15.09.2006
Ursachen für Abweichungen erkennen	30.09.2006
Ursachen entkräften, Erfolg kontrollieren	15.11.2007

Bearbeiter/Koordinator: _____   _____
                                            (Name)   (Datum, Unterschrift)
Prozesseigner: _____   _____
                                            (Name)   (Datum, Unterschrift)
evtl. weitere... _____   _____
                                            (Name)   (Datum, Unterschrift)

Abb. 5-15: Verbesserungsvereinbarung »Herstellungskostenreduzierung Produkt X«

Das folgende Vorgehen wurde abgestimmt und terminiert:

- Ist-Prozesszeiten messen und analysieren
- Ist-Materialkosten analysieren
- Optimierungsmaßnahmen ermitteln und umsetzen zu:
  - ◆ Prozesszeiten
  - ◆ Materialkosten (Lieferkonditionen, Losgrößen, Lieferanten, Design..)

Die Ergebnisse des Arbeitsschrittes »Verbesserung planen und vereinbaren« sind der Verbesserungsvereinbarung in Abb. 5-15 zu entnehmen.

5.2.2 Fakten und Daten erfassen

Mit den Informationen aus dem bestehenden und funktionsfähigen Messsystem (Kostenrechnung) wurde bereits in der vorangegangenen Planungsphase die Gesamtkostenstruktur dargestellt und hieraus als potenzielle Hauptoptimierungsbereiche die Material- und Personalkosten abgeleitet.

Auch die erforderlichen Daten und Informationen für die Analyse der Materialkosten stehen über die Kostenrechnung bereits zur Verfügung und müssen deshalb in diesem Arbeitsschritt nicht mehr – wie sonst oft erforderlich – extra ermittelt werden.

Daten und Informationen zu den Ist-Prozesszeiten in der Fertigung lagen zu diesem Zeitpunkt nicht in der benötigten Detaillierung vor und wurden in einer Materialflussanalyse ermittelt. Weil das entsprechende Know How im Unternehmen vorhanden ist, kam hierzu eine Analyse nach der REFA-Systematik zum Einsatz. Dabei wurde die Fertigung eines repräsentativen Produktes begleitet, vollständig erfasst und in einzelne Arbeitsschritte oder Ablaufabschnitte untergliedert. Jeder Schritt wurde dann einer der folgenden Kategorien zugeordnet:

- Wertschöpfung
- Transport
- Prüfung
- Liegen
- Lagern

REFA-Materialflussanalyse		Ablaufarten											
Artikel:	Unterbaugruppe 1												
Bereich:	STA	Wertschöpfen	fördern, transportieren	prüfen	liegen	lagern							
Ersteller													
Team:													
Datum:	14.06.2006												
Nr.:	Ablaufschritt	●	⬆	■	◆ (liegen)	◆ (lagern)	Menge (Stk)	Weg in (m)	Weg in (m/Stk.)	Zeit in (	Zeit in (sec/Stk.)	Bemerkungen
1	Auftrag empfangen, Listen und Dokumente, Zeichnungen prüfen			■						60		
2	Materialbeschaffung, Fahrt mit Wagen ins Lager		⬆	■			36	22	0,6	40	1,1	Wege sind verstellt
3	Blöcke lagern im Lager					◆						Beladen im Durchgangs-weg
4	Wagen mit Blöcken beladen		⬆				36		0,0	620	17,2	
5	Blöcke liegen in Transportwagen				◆							
..							..	..	..	..	..	
..												
..												
n-1	Montageplatte (Vorderseite) aus Karton entnehmen, an Block festschrauben	●					1		0,0	92	92	
n	Block auf Transportwagen		⬆				1	127	15,1	11	11	
	Gesamtwerte									x x	x x	
	Anteile der Ablaufarten nach Anzahl der Schritte	44 %	31%	6%	16%	3%						
	Anteile der Ablaufarten nach Zeit	54%	41%	5%	--	--						

Abb. 5-16: Materialflussanalyse einer Unterbaugruppenmontage

Die Gesamtbetrachtung gab Auskunft über den jeweiligen Anteil dieser Kategorien an der Gesamtaufgabe und lieferte Ansatzpunkte für Optimierungen. Dabei galt es, den Anteil nicht wertschöpfender Tätigkeiten zu reduzieren und außerdem auch, die für die Wertschöpfung erforderlichen Zeiten möglichst kurz zu halten.

In Abb. 5-16 ist als Beispiel ein Teil der Materialflussanalyse einer Unterbaugruppe des untersuchten Produktbereichs dargestellt. Solche Analysen wurden auch für alle übrigen Unterbaugruppen erstellt.

5.2.3 Ursachen für die Abweichung erkennen

Für die Materialkosten ließ sich aufgrund der vorhandenen Daten und deren Struktur relativ schnell erkennen, welches die Hauptursachen für die Ergebnisabweichung – zu hohe Kosten – waren. Eine Sortierung der aktuellen Materialkosten und die Darstellung in einem Paretodiagramm lieferte schnell und direkt ablesbare Hinweise auf die Komponenten mit den höchsten Kosten und größten Sparpotenzialen. Auf diese Weise wurden 10 Komponenten identifiziert, die fast 70 % der Materialkosten verursachten. Diese Positionen waren Arbeitsschwerpunkte im weiteren Verlauf.

Bei der Auswertung der Materialflussanalyse wurden die Ablaufschritte entsprechend der Häufigkeit und der Zeitanteile ihrer Ablaufarten gewichtet und betrachtet. Aus den Ergebnissen der Materialflussanalyse ließen sich die größten Kostensenkungs- und Verbesserungspotenziale für eine Überarbeitung der Produktionsabläufe einfach ablesen. Das waren die Kategorien nicht wertschöpfender Ablaufschritte, die in besonders hoher Anzahl auftreten oder einen besonders hohen zeitlichen Anteil in Anspruch nehmen und wertschöpfende Ablaufschritte mit besonders hoher Dauer. Für die Beispielunterbaugruppe in Abb. 5-16 waren die Anteile der einzelnen Ablaufkategorien an der Gesamtaufgabe folgendermaßen verteilt:

	Anteil an den Gesamtschritten	Anteil an der Gesamtzeit
Wertschöpfung	44 %	54 %
Transport	31 %	41 %
Prüfung	6 %	5 %
Liegen	16 %	–
Lagern	3 %	–

Bei der Beurteilung der Zeitanteile ist zu beachten, dass »Liegen« und »Lagern« nicht berücksichtigt wurden, weil hierzu in der Regel keine regelmäßigen oder reproduzierbaren Zeiten vorliegen. Dennoch können hierfür im Einzelfall ganz erhebliche Zeiten anfallen.

5.2.4 Ursachen entkräften und Erfolg kontrollieren

Die im vorigen Arbeitsschritt ermittelten Bauteile und Komponenten mit den größten Potenzialen zur Senkung der Materialkosten wurden systematisch untersucht und dabei folgende Verbesserungsmöglichkeiten geprüft und erfolgreich umgesetzt:

- Designanpassung in Zusammenarbeit mit Kunden
- Gestaltung von Rahmenverträgen und Zahlungskonditionen
- Lieferantenwechsel

Um die in der Materialflussanalyse für den Montagebereich ermittelten Verbesserungspotenziale zu erschließen, haben die Teammitglieder in einem Workshop gemeinsam zahlreiche Maßnahmen für den Montagebereich entwickelt. In Abb. 5-17 und Abb. 5-18 ist der Zustand vor (Abb. 5-17) und nach der Umsetzung (Abb. 5-18) dieser Maßnahmen dargestellt.

Vor der Umstellung wurden die für einen Montageauftrag benötigten Materialien vorkommissioniert, auf Wagen bereitgestellt und bis zum Arbeitsbeginn im Montagebereich bereitgestellt.

Im Zuge der Umstellung wurden sogenannte Montageinseln gebildet, die aus jeweils vier Tischen bestehen und in denen alle erforderlichen Werkzeuge und Materialien in den Vorratsbehältern des Kanban-Systems bereitgestellt sind. Die zwei Tische jeweils links und rechts vom Mittelgang im Vordergrund der Abb. 5-18 bilden eine Montageinsel. Innerhalb der Inseln werden die Werkstücke nach dem im Folgenden beschriebenen Prinzip der Fließfertigung montiert.

Optimierung der Montage (Fließfertigung):

Bei der alten arbeitsteiligeren Organisation haben die Mitarbeiter nacheinander nur einen oder einige Arbeitschritte an mehreren Werkstücken nacheinander ausgeführt und diese anschließend bis zum nächsten Arbeitsschritt zwischengelagert.

Nach Umsetzung des Prinzips der »Fließfertigung« werden jetzt eine oder mehrere Baugruppen von einem Mitarbeiter in einem Durchgang komplett montiert. Dadurch besteht weniger Puffer-, Zwischenlager-, Platz- und Handhabungsbedarf. Um ein Zwischenlagern zu vermeiden wurde außerdem die Zusammenführung verschiedener Baugruppen zeitlich genauer aufeinander abgestimmt.

Abb. 5-17: Fertigungs-Layout alt

Abb. 5-18: Fertigungs-Layout neu

Optimierung Fertigungslayout:

Die Umsetzung des Fließfertigungsprinzips und die weitere Optimierung des Fertigungslayouts führten zu einer Reduzierung der Transport- und Gehwege im Fertigungsprozess.

Verbesserte Materialbereitstellung:

Vor der Umstellung gab es am Arbeitsplatz nur einen Behälter je Material, der nach Kontrolle durch die Logistik oder auf Zuruf durch die Produktionsmitarbeiter gefüllt wurde.

Das neu eingeführte Kanban-System basiert auf einer reinen Verbrauchssteuerung der Materialien. Zu jedem Material werden in der Produktion am Arbeitsplatz zwei Materialboxen zur Verfügung gestellt. Ist eine Box leer wird sie von den Logistikmitarbeitern neu befüllt. In der Zwischenzeit kann die Produktion mit der zweiten Box weiter fertigen. Die Vorteile liegen in der Reduzierung der Bestandswerte, in der Optimierung des Bereitstellungsprozesses und der Reduzierung von Wartezeiten. Das neue System bietet der Logistik mehr organisatorischen Spielraum bei der Füllung der Behälter und vermindert das Risiko von Engpasssituationen infolge leerer Behälter.

Verkürzung der Zeiten für wertschöpfende Ablaufschritte:

Die Zeiten für wertschöpfende Tätigkeiten wurden durch die Optimierung von Betriebsmitteln verkürzt.

Als ein Beispiel hierfür kann die Optimierung einer Spannvorrichtung genannt werden. Bisher wurde in der Spannvorrichtung ein druckkontaktiertes Halbleiterbauelement mit der geforderten Spannkraft zwischen Kühlkörpern verspannt. Durch Umkonstruktion des Druckstempels können jetzt in einem Arbeitsgang zwei Halbleiterbauelemente gleichzeitig verspannt werden. Hierdurch wurde die Prozesszeit für diesen Prozessschritt annähernd halbiert.

Mit Hilfe der Kostenrechnung und der Materialflussanalyse wurden Kosten und Prozesszeiten kontrolliert und eine Reduzierung der Materialkosten und der Montagezeiten für den Produktbereich bestätigt.

Eine zusätzliche positive Auswirkung der verkürzten Prozesszeiten ist die Erhöhung der Fertigungskapazität. So konnte mit Hilfe der erzielten Verbesserungen vermieden werden, dass in Phasen besonders großer Nachfrage zusätzliche Kapazitäten aufgebaut werden müssen.

5.2.5 Fazit

Die vereinbarten Ziele und angestrebten Verbesserungen wurden in vollem Umfang erreicht.

Obwohl die Verbesserungsaktivitäten für den betreffenden Produktbereich nicht der erste Versuch zur Senkung der Herstellkosten war und darüber hinaus die Senkung der Herstellkosten permanent im Fokus aller beteiligten Bereiche und Personen steht, ist es gelungen, weitere – in dieser Form nicht erwartete – Potenziale zu erschließen.

Hierbei haben die klar strukturierten Arbeitsschritte und die Analysewerkzeuge einen wertvollen Beitrag geleistet und die Verbesserungsarbeit vereinfacht.

Unabhängig von den Werkzeugen war für den Erfolg jedoch ebenso entscheidend, dass ein Team kompetenter Mitarbeiter die Möglichkeit hatte, die Aufgabe gemeinsam anzugehen und sich dabei gegenseitig zu ergänzen.

5.3 AEG Power Supply Systems GmbH
von Meinolf Filmar und Michael Kirchhoff

AEG Power Supply Systems GmbH entwickelt und vertreibt Stromversorgungs-Systeme. Die Kunden gehören den unterschiedlichsten Branchen an. An den Kunden und ihren aktuellen Bedürfnissen, den industriellen Maßstäben und den Projektanforderungen richten sich die technischen Lösungen der AEG Power Supply Systems GmbH aus. Erfahrungen und technisches Know-How aus über 50 Jahren bilden dabei die Basis für das erfolgreiche Handeln des Unternehmens.

Das Unternehmen bietet technologisch führende Lösungen in den Bereichen

- USV-Systeme (Unterbrechungsfreie Stromversorgungssysteme),
- Schaltnetzteile,
- Leistungssteller,
- GR- & WR-Systeme (Gleich- und Wechselrichter-Systeme) und
- Telekommunikation.

Der Standort Belecke beschäftigte im Jahre 2006 etwa 340 Mitarbeiter und erwirtschaftete einen Umsatz von 77,5 Mio €.

Im Firmenzirkel hat das Unternehmen die Liefertreue eines konzerninternen Lieferanten, der den Standort mit wichtigen Zwischenprodukten versorgt, erfolgreich verbessert.

5.3.1 Verbesserung planen und vereinbaren

Ursprünglich war vorgesehen, die Gewährleistungskosten zu untersuchen und zu senken. Bei der Planung wurde jedoch festgestellt, dass die verfügbaren Daten und Informationen nicht eindeutig auswertbar waren. Zwar waren Informationen zu den Gewährleistungsfällen im PPS System vorhanden, aber es konnte nicht sicher vorausgesetzt werden, dass die erfassten Fälle auch tatsächlich berechtigte Gewährleistungsfälle waren. Gründe hierfür waren unter anderem:

- Kunde erhält Kulanz (undokumentiert)
- Alter und Einsatzdauer zurückgesandter defekter Geräte sind nicht immer automatisiert ermittelbar
- Rücklieferungen werden in der Regel als Gewährleistungsfall erfasst, auch wenn die Rücksendung andere Ursachen hat, wie beispielsweise die Prüfung von Messestücken oder die Rücknahme vom Kunden falsch bestellter Produkte.

Dieses Vorhaben wurde deshalb zunächst zurückgestellt und eine Erfassungssystematik im PPS-System konzipiert, die eine zuverlässige Trennung dieser und anderer Fälle zulässt. Auf Basis der neuen und gesicherten Daten soll diese Idee später erneut verfolgt werden.

Zunächst wurde ein anderes Thema, mit einer hohen aktuellen Bedeutung für das Unternehmen aufgegriffen. Im Rahmen einer Umstrukturierung wurden gegen Ende des Jahres 2004 Teile der Leiterkartenfertigung an einen konzerninternen Lieferanten in Malaysia verlagert.

Die Leiterkarten sind wichtige Bestandteile der Erzeugnisse des Standortes Belecke. Wegen regelmäßiger Lieferverzüge bei den Leiterkarten konnten Endprodukte an eigene Kunden teilweise nicht termintreu geliefert werden und Kunden mussten zum Teil unattraktive Liefertermine angeboten werden. Hierdurch gingen Kundenaufträge verloren und außerdem drohte der Verlust vorhandener Kunden.

Kunde der Verbesserungsaktivitäten war die Produktion in Belecke und Prozesseigner der Bereich Operation. Ziele der geplanten Verbesserung waren die vollständige Einhaltung der gesetzten Liefertermine und darüber hinaus möglichst eine Senkung der im PPS-System hinterlegten Planlieferzeit von 84 Tagen. Die Vorteile und möglichen Einsparungen wurden wie folgt eingeschätzt:

- Kundenverlust vermeiden (durchschnittlich ca. 10.000 € Umsatzverlust je verlorenem Kunden)
- Ersatzlieferungen vermeiden (durchschnittlich ca. 300 € je Ersatzlieferung)
- Intensive zusätzliche Kundenbetreuung vermeiden (durchschnittlich ca. 100 € ie Betreuung)

Die Verbesserungsaktivitäten umfassen die vollständige Untersuchung des bestehenden Ablaufes, von der Bestellung der Leiterkarten in Malaysia bis zur Lieferung nach Belecke. Zunächst wurde eine Ablauf Grobdarstellung erstellt,

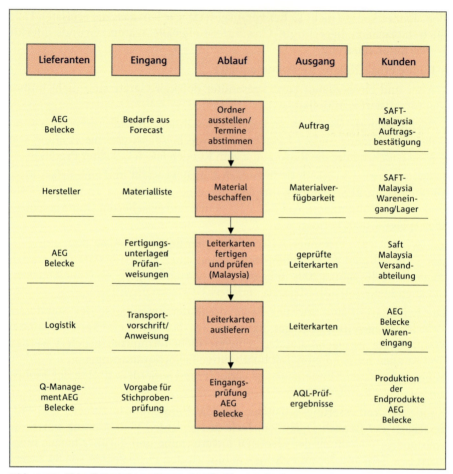

Lieferanten	Eingang	Ablauf	Ausgang	Kunden
AEG Belecke	Bedarfe aus Forecast	Ordner ausstellen/ Termine abstimmen	Auftrag	SAFT-Malaysia Auftrags-bestätigung
Hersteller	Materialliste	Material beschaffen	Materialver-fügbarkeit	SAFT-Malaysia Warenein-gang/Lager
AEG Belecke	Fertigungs-unterlagen/ Prüfan-weisungen	Leiterkarten fertigen und prüfen (Malaysia)	geprüfte Leiterkarten	Saft Malaysia Versand-abteilung
Logistik	Transport-vorschrift/ Anweisung	Leiterkarten ausliefern	Leiterkarten	AEG Belecke Waren-eingang
Q-Manage-ment AEG Belecke	Vorgabe für Stichproben-prüfung	Eingangs-prüfung AEG Belecke	AQL-Prüf-ergebnisse	Produktion der Endprodukte AEG Belecke

Abb. 5-19: Ablauf Grobdarstellung »Beschaffung Leiterkarten«

welches allen Beteiligten verdeutlichte, dass der Standort Belecke nicht nur Kunde ist, sondern im Gesamtablauf auch als interner Lieferant auftritt, dessen Eingaben wesentlichen Einfluss auf den Ablauf und die Ergebnisabweichungen hat, Abb. 5-19 Dies ist insbesondere bei der Disposition beizustellender Vormaterialien und bei der Angabe des aktuellen Änderungsstandes bei der Bestellung der Fall.

Die Ergebnisse des ersten Arbeitsschrittes »Verbesserung planen und vereinbaren« sind in der Verbesserungsvereinbarung in Abb. 5-20 zusammengefasst.

Verbesserungsvereinbarung

1. **Gegenstand/Inhalt:**
   Prozessanalyse Outsourcing Projekte

2. **Abweichung:**
   Endgeräte können nicht on time geliefert werden, da die in Malaysia produzierten Leiterkarten fehlen. Lieferungen/Anfragen können nicht erfüllt werden. Es droht möglicher Umsatzverlust.

3. **Aktueller Wert der Abweichung:**
   Durchschnittlicher Lieferverzug (M2005-M2006): 42 Tage

   Kosten der Abweichung:
   - Kunde geht verloren: bis zu 10.000 € Umsatzverlust
   - Kunde bekommt Ersatzlieferung: ca. 300 € je Vorgang
   - Kunde kann vertröstet werden. ca. 100 €
   - Imageverlust ist nicht zu bewerten

4. **Verbesserungsumfang (Ablaufschritte, siehe Anlage Ablauf-Grobdarstellung:**
   - Aufnahme von Kennzahlen bzgl. Liefertermineinhaltung
   - Analyse der Prozessparameter (von der Bestellung bis zur Lieferung)
   - Analyse der Abweichungen

5. **Ziel, angestrebte Verbesserungen und Organisation:**
   - Einhaltung (Senkung) vereinbarter Liefertermine
   - Senkung der derzeitigen Transportkosten
   - Erhöhung der Flexibilität

   Organisation:

Kunde:	Fertigung Inland, Endkunde
Prozesseigner:	Operation
Bearbeiter:	Herren NN

   Team:

1. Vertrieb	NN	5. Fertigungssteuerung	NN
2. Q-Management	NN	6. Q-Management	NN
3. Prüfplanung	NN	7.	
4. Einkauf	NN	8.	

   Ecktermine/Meilensteine:

Verbesserung planen u. vereinbaren	
Fakten und Daten ermitteln	kontinuierlich
Ursachen für Abweichungen erkennen	E 2006
Ursachen entkräften, Erfolg kontrollieren	A 2007

   Bearbeiter/Koordinator: _____   _____
   (Name)   (Datum, Unterschrift)

   Prozesseigner: _____   _____
   (Name)   (Datum, Unterschrift)

   evtl. weitere ...: _____   _____
   (Name)   (Datum, Unterschrift)

Abb. 5-20: Verbesserungsvereinbarung »Prozessanalyse Outsourcing Projekte«

5.3.2 Fakten und Daten erfassen

In dieser Phase wurden unter anderem die benötigten Daten zur Liefertreue aus bestehenden Messsystemen von Wareneingang und Qualitätsmanagement (Lieferantenbewertung) ausgefiltert und zusammengestellt, Abb. 5-21. Von Anfang 2005 bis Juni 2007 wurde die Planlieferzeit von 84 Tagen nur im August 2005 eingehalten. Die im Diagramm dargestellte mittlere Lieferzeit entspricht dem jeweiligen Mittelwert von monatlich etwa 5 bis 40 Bestellpositionen, die wiederum Stückzahlen von monatlich etwa 400 bis 5000 umfassen. Die durchschnittliche mittlere Lieferzeit für die Monate Januar 2005 bis Juni 2006 betrug 127 Tage.

Bei der Detaillierung der bestehenden Ablauf-Grobdarstellung in Abb. 5-19, fiel auf, dass konkrete Beschreibungen der Abläufe in Malaysia oder länderübergreifender Abläufe kaum verfügbar waren. Deshalb konnten mögliche Ursachen nicht anhand detaillierter Ablaufdiagrammen sondern anhand der Grobdarstellung sowie des Wissens und der Erfahrung der Teammitglieder gesammelt werden. Zahlen, Daten und Fakten zur Untersuchung der Wirkung vermuteter Ursachen für den Lieferverzug lagen nicht vor und waren kurzfristig auch nicht zu beschaffen.

Abb. 5-21: Mittlere Lieferzeit für Leiterkarten

5.3.3 Ursachen für Abweichungen erkennen

Infolge der in 5.3.2 beschriebenen Einschränkungen musste in dieser Phase mit den Informationen aus der Grobbeschreibung des Ablaufs gearbeitet werden. Der tatsächliche Einfluss der mutmaßlichen Faktoren war deshalb nicht zweifelsfrei bestimmbar. Trotzdem wurden begründete Schlussfolgerungen getroffen:

Die Lieferfähigkeit ist in hohem Maße abhängig von der Bedarfsplanung und der entsprechend fristgerechten Bestellung. Diese Schritte wurden jedoch nicht weiter berücksichtigt, weil das Team keinen relevanten Einfluss auf die aktuellen Abweichungen vermutete.

Weil der Lieferant in Malaysia nicht alle für die Produktion erforderlichen Materialien allein beschaffen kann, wird er dabei vom deutschen Standort unterstützt, der Material beistellt. Die Betrachtung der bekannten Abläufe ergab, dass kein gesichertes Verfahren zur Terminierung der Materialbeistellung von Belecke an Malaysia besteht.

Die Untersuchung der nach Auftragserteilung in Malaysia durchgeführten Terminplanung und der dabei vergebenen Termine für Fertigung, Prüfung und Versand in Malaysia sowie die geplante Ankunft in Deutschland ergab, dass der Zeitbedarf für Transport sowie Sperrlager und Wareneingangsprüfung in Deutschland nur unvollständig berücksichtigt waren. Somit wurden bei der Rückwärtsterminierung die Termine für den Fertigungsbeginn in Malaysia systematisch zu spät gesetzt.

Darüber hinaus ergab die Untersuchung, dass bei der Bestellung der Änderungsstand der Leiterkarten nicht systematisch angegeben und übermittelt wurde. Der Änderungsstand beschreibt unter anderem auch Art und Version der vielfältigen Leiterkartensoftware. Infolgedessen kam es fallweise zur Liefe-

Abb. 5-22: Einflussfaktoren auf die Lieferfähigkeit des Standortes Belecke

rung von Leiterkarten mit nicht aktuellem Änderungsstand, die erst bei der Wareneingangskontrolle in Deutschland entdeckt wurden. Dieser Effekt ist zwar unabhängig von der Liefertreue des Lieferanten, bewirkt aber in jedem Fall eine Verschlechterung der Liefer- und Servicefähigkeit des deutschen Standortes, weil die gelieferten Leiterkarten nachgearbeitet werden müssen.

Unter Berücksichtigung der Ablauf Grobdarstellung in Abb. 5-19 wurde vermutet, dass die Abb. 5-22 zusammengestellten Einflussfaktoren einen besonders starken Einfluss auf den Lieferverzug haben.

Außerdem waren die Produktionsabläufe und -einrichtungen in Malaysia eher auf große Stückzahlen ausgerichtet, während der Standort Belecke eher eine große Produktvielfalt mit jeweils verhältnismäßig geringen Stückzahlen benötigt.

5.3.4 Ursachen entkräften und Erfolg kontrollieren

In diesem Prozessschritt wurden verschiedene Maßnahmen gegen die vermuteten wichtigen Einflussfaktoren entwickelt, umgesetzt und auf Ihre Wirksamkeit untersucht.

Die im SAP-System hinterlegten Fristen für die Terminierung des Fertigungsbeginns in Malaysia wurden an die ermittelten Zoll- und Transportzeiten angepasst, so dass jetzt bei der Rückwärtsterminierung passende Starttermine ermittelt werden. Es besteht nun auch die Möglichkeit, die internen Zwischentermine im EDV-System in Malaysia von Deutschland aus einzusehen und abgestimmte Änderungen zu verfolgen.

Darüber hinaus wird bei der Bestellung in SAP jetzt auch der Änderungsstand automatisch in die Bestellung übernommen, um Missverständnisse und Lieferungen nicht aktueller Leiterkarten und Softwareversionen zu vermeiden.

Der Lieferant hat außerdem einen Fertigungsbereich so angepasst, dass er besser für die Fertigung des vom Standort Belecke benötigten breiten Produktspektrums mit relativ kleinen Stückzahlen geeignet ist.

Die Umsetzung dieser Maßnahmen hat zu einer deutlichen Verbesserung der Liefertreue geführt. Der Abb. 5-23 ist zu entnehmen, dass die alte mittlere Lieferzeit von 127 Tagen deutlich gesenkt und das Ziel von 84 Tagen zuletzt erkennbar unterschritten wurde.

5.3.5 Fazit

Einige der Arbeitsschritte des Leitfadens konnten nicht oder nicht vollständig umgesetzt werden. Eine Ursache hierfür war, dass wesentliche Teile des Ablaufes nicht in Deutschland stattfinden und aufgrund räumlicher, sprachlicher und kultureller Verhältnisse, eine intensive standortübergreifende Kooperation kurzfristig nicht zu realisieren war.

Abb. 5-23: Entwicklung der mittleren Lieferzeiten

Außerdem haben dringende andere Aufgaben eine längere Unterbrechung der Verbesserungsaktivitäten erfordert.

Dennoch wurden mit Hilfe des systematischen Vorgehens Abweichungsursachen erkannt, entkräftet und die mittlere Lieferzeit deutlich verkürzt. Dies ist vor allem durch einen Blick auf den Gesamtablauf gelungen, mit dem auch Einflussfaktoren im eigenen Verantwortungsbereich entdeckt wurden.

Die vereinbarten Ziele und Verbesserungen wurden erreicht. □

6 Quellenangaben und Literatur

Broecheler, K.; Schönberger C.:
Six Sigma für den Mittelstand. Frankfurt, New York: Campus 2004

D'Zurilla, T. J. & Goldfried, M. R.:
Problem-solving and behaviour modification. Journal of Abnormal Psychology, 78, 1971, S. 107-126

Deming, W.E.:
Out of the crisis. 18. Aufl. – Cambridge, Melbourne, Sydney: Cambridge University, Press 1992

Dörner, D.:
Die Logik des Misslingens. Strategisches Denken in komplexen Situationen. Reinbek: Rowoldt 1989

Dörner, D.:
Problemlösen als Informationsverarbeitung. 2. Aufl., Stuttgart, Berlin, Köln, Mainz: Kohlhammer 1979 (Kohlhammer-Standards Psychologie: Studientext: Teilgebiet Denkpsychologie), S. 10

Eckes, G.:
Six Sigma for everyone. John Wiley & Sons Inc.; Hoboken 2003

Harry, M.; Schroeder R.:
Six Sigma, Prozesse optimieren, Null-Fehler-Qualität schaffen, Rendite radikal steigern. 2. Aufl., Frankfurt/New York: Campus 2001, S. 24–25

Krauer, R.:
Six Sigma, Der Projektauswahlprozess – Schlüsselfaktor des Six Sigma Programmes bei Norgren. In: Töpfer, A. (Hrsg.): Six Sigma Konzeption und Erfolgsbeispiele für praktizierte Null-Fehler Qualität. 2. Aufl.. Springer 2003/2004, S. 391–392

Magnusson, K.; Kroslid. D.; Bergmann, B.:
Six Sigma umsetzen. Die neue Qualitätsstrategie für Unternehmen. Carl Hanser 2001

REFA-Methodenlehre der Betriebsorganisation:
Grundlagen der Arbeitsgestaltung. München: Carl Hanser 1991, S. 118

Rehben, R.; Yurdakul, Z. B.:
Mit Six Sigma zu Business Excellence. Publicis Corporate Publishing, Erlangen 2003

Reinkensmeier, S.:
Problemlösendes Handeln in der Ausbildung von Bankkaufleuten. Lehr- und Lern-Arrangement zum Bankcontrolling, 1. Aufl., Wiesbaden: Dt. Univ.-Verl., 2001 (DUV: Wirtschaftswissenschaft) Zugl.: Göttingen, Univ., Diss. 2001, S. 45

Sell R.:
Angewandtes Problemlösungsverhalten. 2. Aufl., Berlin, Heidelberg, New York: Springer 1989, S. 55

Shewart, A.:
Statistical Method from the Viewpoint of Quality Control. Washington 1939

Töpfer, A. (Hrsg.):
Six Sigma Konzeption und Erfolgsbeispiele für praktizierte Null-Fehler Qualität. 2. Aufl., Springer 2003/2004

Ulrich, H. & Probst, G. J. B.:
Anleitung zum ganzheitlichen Denken und Handeln. Bern, Stuttgart: Haupt 1988

Williams, M. A.; Bertels, T.; Dershin, H.:
Rath & Strong's Six Sigma Pocket Guide, Deutsche Lizenzausgabe, Köln: TÜV 2002

Institut für
angewandte Arbeitswissenschaft

Produktionssysteme
Aufbau – Umsetzung – betriebliche Lösungen

Herausgegeben vom IfaA
Taschenbuchreihe
Wirtschaftsverlag Bachem 2008, Köln
196 Seiten, 23,50 €
ISBN 978-3-89172-465-1

Nach dem großen Erfolg des Taschenbuchs »Ganz-
heitliche Produktionssysteme – Gestaltungsprin-
zipien und deren Verknüpfung«, wird in dieser
Veröffentlichung vor allem anhand von Beispielen
aus mittelständischen Unternehmen verdeutlicht,
wie diese Unternehmen auf unterschiedliche Art
und Weise beim Aufbau ihrer Produktionssysteme
vorgegangen sind. Zudem werden auch die Kerne-
lemente und der Hintergrund der Produktionssysteme beschrieben. Die in diesem Buch zu findenden Betriebsbeispiele und dargestellten Erfahrungen machen
deutlich, wie Produktionssysteme und die in ihnen zum Einsatz kommenden
Organisationskonzepte und Methoden ausgestaltet und aufgebaut werden können und was die wesentlichen Elemente derartiger Systeme sind.

Bestellannahme:
Wirtschaftsverlag Bachem GmbH
Abteilung IfaA
Ursulaplatz 1, 50668 Köln
Telefon: 0221/16 19 -0
Telefax: 0221/16 19 231
E-Mail: info@bachem.de
Internet: http://www.ifaa-koeln.de

Wirtschaftsverlag Bachem